14[illegible]es en 10 minutes chrono !

Héloïse Martel

FIRST Editions

Légende des pictos

.. Nombre de personnes
.. Temps de préparation
.. Temps de cuisson
.. Temps de repos
.. Trempage/marinade
.. Temps de réfrigération
.. Temps de congélation

ISBN : 978-2-7540-5753-0
Dépôt légal : janvier 2014
Imprimé en Italie

Direction éditoriale : Aurélie Starckmann
Édition : Marguerite Mignon-Quibel
Mise en page : Olivier Frenot
Couverture : Joséphine Cormier

Éditions First, un département d'Édi8
12, avenue d'Italie
75013 Paris – France
Tél. : 01 44 16 09 00
Fax : 01 44 16 09 01
E-mail : firstinfo@efirst.com

Site internet : www.editionsfirst.fr

Introduction

Vous rentrez tard du bureau après une journée marathon. Quelques amis s'attardent chez vous en fin de journée. Il fait si beau dehors que vous n'avez aucune envie de passer du temps dans votre cuisine… Autant de circonstances dans lesquelles vous rêvez d'avoir sous la main quelques recettes ultra-rapides. Mais vous n'avez pas le temps d'inventorier vos livres de cuisine.

Nous avons donc sélectionné dans ce livre plus de 140 recettes à réaliser en un tour de main. Adieu la banalité du steak surgelé-purée instantanée.

Voici quelques conseils pour réussir vos recettes en un minimum de temps :

- Ayez de bons outils : des couteaux bien aiguisés, un couteau Économe pour peler facilement les légumes comme les carottes, un fouet à main pour mélanger, des spatules en plastique souple pour racler le contenu des casseroles sans en abîmer le revêtement, un petit robot ménager pour hacher, râper, trancher finement en quelques secondes.

- Ayez ces outils à portée de main : vous ne perdrez pas de temps à vider vos placards pour trouver l'ustensile dont vous avez besoin.
- Utilisez les produits conditionnés : légumes lavés, épluchés, précuits, émincés qui vous éviteront des manipulations fastidieuses (la gamme est vaste : choux, carottes, oignons, ail, échalotes, pommes de terre, lentilles, champignons, poissons, volailles…), mais aussi jus de citron jaune ou de citron vert en petites bouteilles… Ils sont un peu plus chers à l'achat, mais ne dit-on pas que le temps c'est de l'argent ?
- Pensez aussi aux surgelés : vous les sortez du congélateur la veille et ils sont prêts à être cuisinés 18 heures plus tard. Ayez en particulier des oignons et de l'ail émincés, longs à préparer.
- Vérifiez l'état de vos poêles et de vos casseroles ; elles doivent être en bon état pour que la cuisson se fasse rapidement et uniformément.
- Une plaque de cuisson à gaz ou à induction permet d'obtenir en quelques secondes la chaleur désirée et vous fait gagner un temps précieux. Idem pour un four à chaleur tournante qui permet de cuire plusieurs plats en même temps.

- Au moment de réaliser une recette, sortez les ingrédients du placard ou du réfrigérateur en une seule fois et disposez-les tous devant vous ; les allées et venues avec ouverture et fermeture des portes font perdre du temps inutilement.
- Enchaînez les différentes étapes d'une recette : par exemple, mettez à cuire une viande avant de préparer la sauce d'accompagnement. La sauce sera prête quand la viande sera cuite.
- Pour que le rangement de la cuisine ne vous fasse pas perdre de temps, rangez au fur et à mesure les ustensiles dont vous vous êtes servi : ce qui doit être lavé dans le lave-vaisselle ou dans une cuvette placée dans l'évier et remplie d'eau chaude additionnée de produit vaisselle. Après le repas, il ne restera plus qu'à les rincer et les laisser sécher.

Si vous courez toujours après le temps, ce petit livre est votre allié ; découvrez des bricks à l'œuf, au thon et à la coriandre croustillantes, des gambas safranées aux pois chiches délicatement parfumées, des côtelettes d'agneau au romarin et au citron doucement acidulées, une simplissime salade de champignons à l'ail, de subtiles fraises à l'orange…

Tout, dans nos recettes, a été étudié pour que vous perdiez le moins de temps possible : dosage en cuillerées à café ou à soupe pour certains ingrédients, ce qui évite d'utiliser la balance, utilisation de légumes et d'aromates épluchés et émincés, enchaînement des différentes étapes de la préparation.

En dix minutes top chrono… la gourmandise n'attend pas !

Bricks à l'œuf, au thon et à la coriandre

4 | 5 min | 5 min

4 feuilles de brick • 4 œufs • 150 g de thon au naturel • 4 branches de coriandre • 4 cuil. à soupe d'huile • sel, poivre

❶ Faites chauffer l'huile dans une poêle. Déposez chaque feuille de brick dans une assiette creuse, cassez un œuf au centre, émiettez un peu de thon, ajoutez quelques feuilles de coriandre, salez, poivrez. Repliez la feuille de brick de façon à former une enveloppe. Faites frire les feuilles de brick sur les deux faces. ❷ Dès que les bricks sont bien dorés, déposez-les sur un papier absorbant. Servez bien chaud.

Brioches farcies au roquefort

4 · 10 min · 5 min

4 brioches individuelles • 60 g de roquefort • 4 cuil. à soupe de crème fraîche • 1 cuil. à soupe de cognac • poivre du moulin

❶ Préchauffez le four à 210 °C (th. 7). Retirez la tête des brioches, creusez-les légèrement en prenant soin de ne pas les percer. Dans un bol, mélangez le fromage et la crème. Ajoutez le cognac. Poivrez. ❷ Remplissez les brioches avec cette préparation. Posez les chapeaux par-dessus et passez au four pendant 5 minutes pour réchauffer les brioches.

Brouillade à l'estragon

4 — 5 min — 5 min

10 œufs • 1 bouquet d'estragon • 30 g de beurre • sel, poivre

❶ Cassez les œufs dans un saladier, ajoutez deux cuillerées à soupe d'eau, les feuilles d'estragon ciselées, salez, poivrez. Battez légèrement au fouet. ❷ Faites fondre le beurre dans une casserole, versez-y les œufs. Faites cuire sans cesser de mélanger au fouet jusqu'à ce que les œufs soient crémeux. Versez dans le plat de service et servez sans attendre.

Notre conseil : si vous souhaitez un plat plus complet, accompagnez ces œufs de bacon simplement grillé pendant 2 minutes à la poêle.

Chiffonnade de magrets fumés aux poires

4 10 min

2 sachets de magret fumé (180 g) • 4 poires fermes • 4 cuil. à soupe d'huile de noix • 1 cuil. à soupe de vinaigre balsamique • 1 cuil. à café de miel liquide • 1 cuil. à café de quatre-épices • sel, poivre

❶ Répartissez les tranches de magret sur quatre assiettes. Mélangez dans un bol le vinaigre balsamique, le miel, l'huile, le quatre-épices, un peu de sel et de poivre. Épluchez les poires, coupez-les en quartiers et détaillez chaque quartier en fines lamelles. Disposez-les harmonieusement à côté des magrets. ❷ Arrosez de sauce et servez frais.

Coleslaw

4 | 10 min

4 carottes • ¼ de chou blanc • 1 jaune d'œuf • 25 cl d'huile • 1 cuil. à soupe de moutarde • 1 citron • 1 cuil. à soupe de vinaigre • sel, poivre

❶ Épluchez les carottes, râpez-les et mettez-les dans un saladier. Enlevez les côtes du chou, coupez-le en très fines lanières et ajoutez-les aux carottes. Pressez le citron et arrosez les légumes avec le jus. Préparez une mayonnaise en battant le jaune d'œuf avec la moutarde, du sel, du poivre et l'huile versée goutte à goutte. Ajoutez le vinaigre et incorporez à la salade. ❷ Mélangez bien et mettez au frais en attendant de servir.

Conseil chrono : pour aller plus vite, vous pouvez utiliser des sachets de carottes et de chou blanc râpé non assaisonnés.

Concombres au thon et à la feta

4   10 min

2 concombres • 250 g de feta • 400 g de thon au naturel • 2 cuil. à soupe de jus de citron • 4 cuil. à soupe d'huile d'olive • 12 olives noires • sel, poivre

❶ Mélangez le jus de citron et l'huile dans un saladier avec un peu de sel et de poivre. Lavez les concombres, émincez-les très finement, mettez-les dans le saladier. Coupez la feta en fins bâtonnets, ajoutez-la. ❷ Égouttez le thon, émiettez-le et ajoutez enfin les olives noires. ❸ Mélangez et servez frais.

Féroce d'avocat

4 · 10 min

4 avocats • 1 petit piment rouge • 6 cuil. à soupe de jus de citron vert • sel

❶ Ouvrez les avocats en deux, retirez le noyau et prélevez la chair. Lavez, essuyez et épépinez le piment, coupez-le en dés. Mixez la chair d'avocat avec le piment, le jus de ciron et un peu de sel. Goûtez pour vérifier l'assaisonnement. ❷ Répartissez dans quatre petits ramequins.

Nos conseils : prenez soin de vous laver les mains aussitôt après avoir manipulé le piment, le suc est très irritant pour les muqueuses et pour les yeux. Si vous craignez la force du piment, commencez par préparer la recette avec un demi-piment. Goûtez et ajoutez-en si vous le souhaitez.

Gratinée express

4 · 4 min · 6 min

2 cubes de bouillon de bœuf • 8 cuil. à soupe d'oignons émincés • 100 g de gruyère râpé • 4 tranches de pain de campagne

❶ Mettez les cubes de bouillon dans une casserole, arrosez-les avec 1 litre d'eau bouillante et remuez pour les faire dissoudre. ❷ Répartissez le bouillon dans quatre bols allant au four. Ajoutez dans chaque bol une tranche de pain de campagne et deux cuillerées à soupe d'oignons émincés. ❸ Saupoudrez de gruyère râpé et faites gratiner sous le gril pendant 5 minutes. ❸ Servez aussitôt.

Houmous

4 · 10 min

1 grande boîte de pois chiches • 2 cuil. à soupe d'ail haché • 8 cuil. à soupe de jus de citron • 2 cuil. à soupe de pâte de sésame • 1 cuil. à soupe de paprika • sel

❶ Égouttez les pois chiches, mixez-les avec l'ail, le jus de citron, la pâte de sésame et un peu de sel pour obtenir une purée. Goûtez, rajoutez du sel ou de la pâte de sésame si nécessaire. ❷ Répartissez dans quatre petits ramequins et saupoudrez d'un peu de paprika. ❸ Réservez au frais en attendant de servir.

Notre conseil : accompagnez cette entrée de pain pita légèrement toasté.

Mousse de chèvre frais à la pastèque

4 — 10 min

2 chèvres frais (type Petit Billy®) • 1 tranche de pastèque • 2 cuil. à soupe de vinaigre balsamique • 2 cuil. à soupe de Worcestershire sauce • 3 cuil. à soupe d'huile d'olive • 2 cuil. à soupe de baies roses • ½ bouquet de ciboulette • sel, poivre

❶ Prélevez la chair de la pastèque avec une cuillère parisienne pour former des billes. Mixez les fromages avec l'huile, le vinaigre, la Worcestershire sauce, du sel et du poivre. Ajoutez la ciboulette ciselée et les baies roses.
❷ Répartissez cette mousse dans quatre verres et déposez dessus quelques billes de pastèque.

Mousse de piquillos au chèvre frais

4 10 min

12 piquillos (piments doux d'Espagne en boîte) • 1 chèvre frais • 1 gousse d'ail • 1 pincée de piment d'Espelette • 3 cuil. à soupe d'huile d'olive • 4 branches de basilic • sel

❶ Pelez l'ail, écrasez-le au presse-ail. Mettez dans un mixeur avec les piquillos, le fromage, l'huile, le piment et les feuilles de basilic en en gardant quelques-unes pour le décor. ❷ Mixez et répartissez dans quatre petits ramequins. Décorez de feuilles de basilic et saupoudrez d'un peu de fleur de sel.

Notre conseil : servez avec du pain de campagne grillé.

Mousse de saumon aux baies roses

4 — 10 min

500 g de saumon fumé • 4 petits-suisses à 40 % MG • 2 cuil. à soupe de jus de citron • 1 cuil. à soupe d'huile d'olive • 1 bouquet d'aneth • 4 cuil. à café de baies roses

❶ Mixez finement le saumon avec les petits-suisses, le jus de citron et l'huile d'olive. Ciselez l'aneth en gardant quelques plumets pour le décor. Mélangez l'aneth et les baies roses à la mousse. Répartissez-la dans quatre petits ramequins. ❷ Décorez d'un peu d'aneth et gardez au frais en attendant de servir.

Mousse express aux œufs de poisson fumés

4 | 10 min

200 g d'œufs de cabillaud fumés sous vide • 2 tranches de pain de mie • 2 cuil. à soupe de fromage blanc • 1 cuil. à café d'huile d'olive • 1 cuil. à soupe de citron • 4 cuil. à café d'œufs de saumon

❶ Émiettez le pain de mie. Mixez-le avec les œufs de cabillaud fumés, le fromage blanc, l'huile et le jus de citron. Répartissez cette mousse dans quatre petits ramequins. Déposez sur chacun une cuillerée à café d'œufs de saumon.
❷ Mettez au frais en attendant de servir.

Notre conseil : accompagnez cette mousse de pain au sésame.

Œufs brouillés aux œufs de saumon

4 | 5 min | 5 min

10 œufs • 4 cuil. à soupe d'œufs de saumon • 12 brins de ciboulette • 20 g de beurre • sel, poivre

❶ Battez les œufs dans un saladier, salez et poivrez. Faites chauffer le beurre dans une casserole, baissez le feu au maximum et versez les œufs. Faites-les cuire en mélangeant sans cesse avec un fouet. Arrêtez la cuisson quand les œufs sont crémeux. ❷ Répartissez dans quatre ramequins, déposez sur chacun une cuillerée à soupe d'œufs de saumon et quelques brins de ciboulette ciselée.

Œufs frits au chorizo

4 · 5 min · 2 min

8 œufs • 20 rondelles de chorizo • 6 cuil. à soupe d'huile d'olive • sel, poivre

❶ Faites griller les tranches de chorizo sans matière grasse dans une poêle à revêtement antiadhésif. Réservez. Faites chauffer l'huile dans une sauteuse. Cassez les œufs un par un dans un bol, et versez-les avec précaution dans l'huile. Retournez-les au bout d'une minute. Retirez-les avec une écumoire et égouttez-les sur un papier absorbant. ❷ Disposez sur chaque assiette deux œufs et quatre tranches de chorizo. Salez et poivrez légèrement. Servez sans attendre.

Notre conseil : vous pouvez varier cette recette en battant les œufs et en les faisant cuire en omelette ou en brouillade.

Omelette à la menthe et au chèvre

4 — 5 min — 5 min

8 œufs • 150 g de chèvre frais • 10 feuilles de menthe • 4 cuil. à soupe d'huile d'olive • sel, poivre

❶ Battez les œufs en omelette dans un saladier, salez, poivrez et ajoutez deux cuillerées à soupe d'eau. Coupez le chèvre en lamelles. Ciselez les feuilles de menthe. Faites chauffer l'huile dans une poêle à revêtement antiadhésif, versez les œufs et faites cuire l'omelette à feu doux. ❷ Quand elle est presque prise, disposez dessus les lamelles de fromage et les feuilles de menthe. Prolongez la cuisson pendant 1 minute et pliez l'omelette en chausson pour que le fromage fonde. ❸ Faites glisser sur le plat de service.

Papillotes de figues au jambon

4 | 6 min | 6 min

4 feuilles de bricks • 4 figues • 4 tranches très fines de jambon cru • 4 cuil. à soupe d'huile

❶ Préchauffez le four à 210 °C (th. 7). Partagez les figues en deux. Coupez chaque tranche de jambon en deux. Coupez chaque feuille de brick en deux. Versez l'huile dans un bol. ❷ Enroulez chaque demi-figue dans une demi-tranche de jambon, déposez-la au centre d'une demi-feuille de brick et roulez-la pour former une papillote. Badigeonnez-la d'huile au pinceau. Déposez les papillotes dans un plat à four et enfournez. Laissez dorer pendant environ 6 minutes. Laissez tiédir avant de servir.

Notre conseil : servez avec une salade de roquette aux tomates séchées et au parmesan (recette page 129).

Petites terrines de chèvre frais aux tomates confites

4 10 min

2 chèvres frais (type Petit Billy®) • 50 g de tomates confites • 2 cuil. à soupe d'huile d'olive • 2 cuil. à café de poivre concassé • quelques feuilles de basilic

❶ Coupez les tomates confites en petits dés et hachez le basilic. Écrasez les fromages à la fourchette, ajoutez le poivre, les tomates, l'huile et le basilic et mélangez bien. ❷ Répartissez cette préparation dans quatre petits ramequins. Servez frais.

Notre conseil : accompagnez de tranches de pain de campagne grillé chaud.

Petites terrines de thon aux baies roses

4 — 10 min

600 g de thon au naturel • 4 cuil. à soupe de crème • 2 cuil. à soupe de jus de citron • 4 cuil. à soupe de baies roses • sel, poivre

❶ Égouttez le thon, écrasez-le à la fourchette avec la crème, le citron et un peu de sel et de poivre. Incorporez les baies roses. ❷ Répartissez dans quatre ramequins. Servez frais.

Notre conseil : accompagnez de tranches de pain de campagne toastées.

Raïta de concombre

4 10 min

1 concombre • 4 yaourts nature • 2 branches de menthe • 1 cuil. à soupe de coriandre en poudre • sel

❶ Hachez la menthe, mettez-la dans un saladier avec les yaourts, du sel et la coriandre. ❷ Pelez le concombre, râpez-le, mettez-le dans le saladier. Mélangez, mettez au frais en attendant de servir.

Rillettes aux deux saumons

4 · 5 min · 5 min

250 g de saumon frais • 250 g de saumon fumé • 2 échalotes • 100 g de beurre mou • 6 cuil. à soupe de jus de citron • poivre du moulin

❶ Faites pocher le saumon frais pendant 5 minutes dans une casserole d'eau bouillante. Égouttez-le. Épluchez les échalotes. ❷ Mixez les deux saumons avec les échalotes, le beurre et le jus du citron. Poivrez. Répartissez les rillettes dans des petits pots et servez avec du pain grillé.

Conseils chrono : vous pouvez aussi mixer le saumon frais cru et utiliser des échalotes hachées en sachet.

Roquette aux figues et au jambon

4 — 10 min

200 g de roquette • 8 figues violettes • 8 tranches très fines de jambon cru • 1 cuil. à soupe de vinaigre balsamique • 3 cuil. à soupe d'huile de noix • sel, poivre

❶ Mélangez le vinaigre et l'huile avec un peu de sel et de poivre dans un plat creux. Lavez et essorez la roquette, mettez-la dans le plat. ❷ Découpez les figues en quartiers et disposez-les sur la salade. Roulez les tranches de jambon, mettez-les entre les quartiers de figues.

Salade à la lyonnaise

4 · 6 min · 4 min

1 sachet de salade frisée • 4 œufs • 200 g de lardons fumés • 2 gousses d'ail • 1 cuil. à soupe de vinaigre

❶ Pelez et émincez l'ail. Faites dorer les lardons dans une poêle à revêtement antiadhésif, ajoutez l'ail et laissez cuire 3 minutes. Réservez au chaud. Faites bouillir de l'eau avec le vinaigre dans une grande casserole. ❷ Pendant ce temps, rincez et essorez la salade, mettez-la dans un saladier. Cassez chaque œuf dans une tasse, versez-les en même temps dans l'eau frémissante et faites-les pocher 3 à 4 minutes. Retirez-les avec une écumoire et égouttez-les sur un torchon. ❸ Versez les lardons sur la salade avec leur graisse de cuisson, déglacez la poêle avec le vinaigre à feu vif et versez sur la salade. Mélangez. ❸ Déposez les œufs sur la salade. Servez sans attendre.

Salade d'avocats aux crevettes

4 — 10 min

2 avocats • 250 g de crevettes roses décortiquées cuites • ½ sachet de mesclun • 6 cuil. à soupe de jus de citron vert • 1 cuil. à café de moutarde • 2 cuil. à soupe de ketchup • 2 cuil. à soupe de crème fraîche • 1 cuil. à café de cognac • 2 pincées de piment de Cayenne • sel, poivre

❶ Rincez et essorez le mesclun et disposez-le dans quatre coupelles. Coupez les avocats en deux, ôtez le noyau et l'écorce, coupez la chair en lamelles, arrosez-la d'un peu de citron vert et disposez-la sur la salade. Mélangez dans un grand bol la moutarde, le reste de jus de citron vert, la crème fraîche, le ketchup, le cognac et le piment. Vérifiez l'assaisonnement. ❷ Mettez les crevettes sur les lamelles d'avocat et arrosez de sauce, salez et poivrez. Servez frais.

Salade d'avocat au magret fumé

4 10 min

2 avocats • 2 sachets de magret de canard fumé tranché (180 g) • 6 cuil. à soupe de jus de citron vert • 4 cuil. à soupe d'huile • 10 brins de ciboulette • sel, poivre

❶ Dégraissez les tranches de magret. Ouvrez les avocats, ôtez les noyaux, coupez la chair en larges lamelles et citronnez-les. Mettez-les dans un saladier, déposez les tranches de magret par-dessus. ❷ Battez le jus de citron vert avec l'huile, du sel et du poivre, versez sur la salade et parsemez de ciboulette ciselée.

Salade de chou au cervelas

4 10 min

½ chou blanc • 1 petit cervelas cuit • 1 cuil. à café de moutarde forte • 1 cuil. à café de raifort • 1 cuil. à soupe de vinaigre • 3 cuil. à café d'huile • sel, poivre

❶ Mélangez dans un saladier la moutarde avec le raifort, le vinaigre, l'huile et un peu de sel et de poivre. ❷ Émincez le chou en fines lanières, mettez-le dans le saladier et mélangez. Coupez le cervelas en tranches fines, déposez-les sur le chou. ❸ Servez à température ambiante.

Conseil chrono : utilisez un sachet de chou blanc râpé nature si vous êtes très pressé.

Salade d'épinards aux pistaches et aux lardons

4 · 6 min · 4 min

200 g de pousses d'épinards • 50 g de pistaches nature décortiquées concassées • 200 g d'allumettes de lard fumé • 1 gousse d'ail • 1 citron vert non traité • 2 cuil. à soupe de vinaigre balsamique • 4 cuil. à soupe d'huile • sel, poivre

❶ Lavez et essorez les épinards. Épluchez l'ail, écrasez-le au-dessus d'un saladier. Versez le vinaigre, l'huile, du sel, du poivre et battez à la fourchette pour bien émulsionner. ❷ Prélevez le zeste du citron vert et râpez-le. Pressez la moitié du fruit et versez le jus et les zestes dans la vinaigrette. ❸ Faites dorer les lardons pendant 4 minutes dans une poêle à revêtement antiadhésif. Mettez dans le saladier les épinards, mélangez, parsemez de lardons et de pistaches. Servez immédiatement.

Salade de maïs aux artichauts et au jambon

4 10 min

16 cœurs d'artichaut • 250 g de maïs doux en boîte • 300 g d'allumettes de jambon • 1 cuil. à café de moutarde forte • 1 cuil. à soupe de vinaigre de vin • 3 cuil. à soupe d'huile d'olive • sel, poivre

❶ Coupez les cœurs d'artichaut en quatre et mettez-les dans un plat creux. Égouttez le maïs, ajoutez-le ainsi que les allumettes de jambon. ❷ Mélangez dans un bol le vinaigre avec la moutarde, puis versez l'huile en filet, salez, poivrez et versez sur la salade. Mélangez.

Salade de mangue au piment

4 10 min

2 mangues • 1 piment oiseau • 50 g de roquette • 1 gousse d'ail • 4 cuil. à soupe de citron vert • 3 cuil. à soupe de nuoc-mâm • 50 g de pistaches nature décortiquées concassées

❶ Épluchez la gousse d'ail, écrasez-la au presse-ail au-dessus d'un bol. Ajoutez le jus de citron vert, le nuoc-mâm et le piment oiseau émietté. Mélangez bien. ❷ Lavez et essorez la roquette. Pelez les mangues, coupez la chair en fins bâtonnets. Mettez-les dans un saladier, ajoutez la roquette, la sauce, mélangez délicatement et parsemez de pistaches concassées au moment de servir.

Notre conseil : si vous ne trouvez pas de mangue fraîche, vous pouvez utiliser de la mangue surgelée. Il faudra alors prévoir dans le temps de préparation 2 heures de décongélation au minimum, à température ambiante.

Salade de mozzarella aux olives

4 10 min

400 g de mozzarella • 80 g d'olives noires • 4 cuil. à soupe de jus de citron vert • 1 cuil. à soupe de thym effeuillé • 4 cuil. à soupe d'huile d'olive • sel, poivre du moulin

❶ Coupez la mozzarella en tranches fines et détaillez les olives en quatre. Répartissez dans quatre coupelles. ❷ Versez dans un bol le jus de citron vert, ajoutez l'huile, le thym, un peu de sel, du poivre, et battez à la fourchette pour émulsionner. ❸ Versez sur les coupes. Servez frais

Notre conseil : accompagnez de tranches de pain de campagne grillées.

Salade de thon aux herbes et aux épices

4 5 min 5 min

400 g de thon frais • 1 sachet de laitue • 4 tomates cerise • 2 cuil. à soupe de cumin en poudre • 2 cuil. à soupe de curry • 4 branches de basilic • 1 bouquet de coriandre • 2 cuil. à soupe de vinaigre de xérès • 6 cuil. à soupe d'huile d'olive • sel, poivre

❶ Ciselez les feuilles de laitue et mettez-les dans un plat creux. Coupez les tomates en quatre et mettez-les autour. Mélangez dans un bol le cumin et le curry. Coupez le thon en lamelles, mettez-les dans les épices. ❷ Faites chauffer deux cuillerées d'huile dans une poêle, saisissez les lamelles de poisson pendant 2 minutes sur chaque face. ❸ Mélangez le reste d'huile et le vinaigre avec du sel et du poivre, versez sur la salade. Déposez dessus les lamelles de thon et parsemez de basilic et de coriandre ciselées.

Soupe d'avocat à la roquette

4 10 min

4 avocats • 250 g de roquette • 1 citron • 1 bouquet de basilic • 1 cuil. à café de Tabasco® • sel, poivre

❶ Pressez le citron. Lavez et essorez la roquette. Pelez les avocats et prélevez la pulpe. Mixez ensemble les avocats, la roquette, le basilic et le jus de citron en ajoutant peu à peu de l'eau glacée jusqu'à la consistance désirée. Salez, poivrez et ajoutez un peu de Tabasco®. ❷ Réservez au réfrigérateur jusqu'au moment de servir. Répartissez dans des coupelles en ajoutant des glaçons si nécessaire.

Conseil chrono : remplacez le citron par six cuillerées à soupe de jus de citron en petite bouteille.

Soupe de carottes à l'orange

4 10 min

500 g de carottes cuites • 2 petits oignons • 1 bouquet de coriandre • 2 oranges • 25 cl de bouillon de volaille froid • 12 cl de crème liquide • sel, poivre

❶ Pressez les oranges. Épluchez les oignons et émincez-les. Effeuillez la coriandre en en gardant quelques feuilles pour le décor. ❷ Mixez les carottes avec le jus d'orange, le bouillon de volaille, les oignons et la coriandre. Salez, poivrez et ajoutez la crème. Réservez au froid et parsemez de feuilles de coriandre au moment de servir.

Conseil chrono : utilisez du jus d'orange sans sucre ajouté et des oignons en sachet épluchés et hachés.

Soupe de concombre à la menthe

4 · 10 min

3 concombres • 1 bouquet de menthe • 1 citron • 50 cl de lait • sel, poivre

❶ Pelez les concombres et coupez-les en tronçons. Effeuillez la menthe tout en gardant quelques feuilles pour le décor. Pressez le citron. Mixez le concombre et la menthe avec le jus de citron et le lait, salez et poivrez. ❷ Réservez au réfrigérateur et parsemez de feuilles de menthe entières au moment de servir.

Notre conseil : pour une entrée plus consistante, ajoutez 250 g de crabe émietté dans cette soupe au moment de servir.

Soupe d'été aux tomates

4 · 10 min

8 tomates • 2 gousses d'ail • 4 cuil. à soupe d'huile • 2 cuil. à soupe de vinaigre de vin • 4 grandes tranches de pain de campagne • sel de Guérande, poivre du moulin

❶ Plongez les tomates dans une casserole d'eau bouillante, pelez-les et épépinez-les. Épluchez les gousses d'ail. Mixez les tomates et l'ail pour obtenir une crème veloutée, ajoutez le vinaigre, deux cuillerées à soupe d'huile, du sel et du poivre. ❷ Grillez les tranches de pain de campagne, arrosez-les d'huile et saupoudrez-les de sel de Guérande. Servez la soupe très fraîche avec le pain chaud.

Conseil chrono : utilisez des tomates pelées au naturel et de l'ail en sachet, épluché et haché.

Tarte alsacienne

4 — 2 min — 10 min

250 g de pâte à pizza (chez votre boulanger ou surgelée) • 300 g d'allumettes de lard fumé • 6 cuil. à soupe de crème fraîche • poivre • oignons

❶ Préchauffez le four à 240 °C (th. 8). Étalez la pâte à pizza dans un moule à tarte, recouvrez-la de crème fraîche, versez les oignons et les lardons, poivrez. ❷ Mettez au four et faites cuire pendant 10 minutes. Servez chaud ou tiède.

Crevettes à la sauce tomate pimentée

4 · 2 min · 8 min

16 grosses crevettes cuites décortiquées • 1 grande boîte de tomates au naturel • 1 piment oiseau • 1 cuil. à café de graines de fenouil • 1 cuil. à café de graines de cumin • 2 cuil. à soupe d'huile • sel

❶ Faites chauffer l'huile dans une sauteuse, mettez les tomates, salez et ajoutez les graines de fenouil et les graines de cumin, puis émiettez le piment oiseau et faites cuire pendant 5 minutes en mélangeant. ❷ Ajoutez les crevettes et poursuivez la cuisson pendant 2 minutes. Servez immédiatement.

Crevettes au sésame et à la mangue

4 | 5 min | 5 min

16 grosses crevettes roses cuites décortiquées • 1 mangue • 1 citron • 3 cuil. à soupe d'huile d'olive • 1 cuil. à soupe de graines de sésame • 1 bouquet de coriandre

❶ Pressez le citron. Pelez la mangue, coupez-la en lamelles et citronnez-les. Mettez l'huile à chauffer dans une poêle, faites revenir pendant 3 minutes les lamelles de mangue et réservez. Ajoutez les crevettes, faites-les sauter pendant 1 minute. Disposez les lamelles de mangue et les crevettes dans quatre assiettes. ❷ Faites dorer les graines de sésame dans une autre poêle. Saupoudrez-les sur les assiettes et parsemez de coriandre ciselée.

Notre conseil : si vous avez des difficultés pour trouver des mangues fraîches, utilisez des lamelles de mangue surgelées en prévoyant un temps de décongélation de 2 heures au minimum à température ambiante.

Crevettes aux pommes et au citron vert

4 — 10 min

16 grosses crevettes roses cuites décortiquées • 2 pommes vertes (Granny) • 2 citrons verts • 3 cuil. à soupe d'huile d'olive • 10 brins de ciboulette • fleur de sel, poivre du moulin

❶ Pressez les citrons. Épluchez les pommes, râpez-les grossièrement et citronnez-les. Versez le reste de jus de citron dans un bol, ajoutez l'huile et fouettez. ❷ Disposez harmonieusement dans quatre assiettes les crevettes, les bâtonnets de pomme, arrosez de sauce, parsemez de fleur de sel, de poivre et de ciboulette ciselée. Servez frais.

Crevettes sauce aux herbes

4 — 10 min

16 grosses crevettes cuites décortiquées • 1 grosse tomate • 4 branches de persil plat • 4 branches d'estragon • 4 branches d'aneth • 1 cuil. à soupe de moutarde forte • 2 cuil. à soupe de moutarde douce • 2 cuil. à soupe de vinaigre de cidre • 4 cuil. à soupe d'huile d'arachide • sel, poivre

❶ Mélangez dans un bol les moutardes avec du sel, du poivre, le vinaigre et l'huile. Fouettez pour bien émulsionner. Épépinez la tomate, coupez la chair en petits dés, ajoutez-les à la sauce. Hachez les herbes. Incorporez-les à la sauce.
❷ Répartissez cette sauce dans 4 petits bols, mettez-les dans une assiette, disposez les crevettes autour.

Crevettes sautées aux pousses de soja

4 2 min 8 min

500 g de grosses crevettes décortiquées • 250 g de pousses de soja • 2 cuil. à soupe d'huile • 2 cuil. à soupe de sauce de soja

❶ Versez l'huile dans une sauteuse, faites revenir les crevettes et les pousses de soja à feu vif pendant 3 minutes sans cesser de mélanger, puis baissez le feu et laissez cuire encore pendant 5 minutes. ❷ Arrosez de sauce de soja et versez sur le plat de service.

Notre conseil : servez avec du riz thaï à la vapeur.

Curry de crevettes

4 · 5 min · 8 min

500 g de crevettes roses décortiquées • 2 gousses d'ail • 1 oignon • 1 cuil. à café de curcuma • 1 cuil. à café de gingembre en poudre • 2 pincées de cumin en poudre • 2 pincées de piment de Cayenne • 10 cl de crème liquide • 4 branches de coriandre fraîche • 30 g de beurre

❶ Épluchez l'ail et l'oignon, hachez-les. Faites fondre le beurre dans une poêle, mettez-y l'ail et l'oignon à revenir. Mélangez les épices à la crème, versez-les dans la poêle, ajoutez les crevettes, mélangez bien et laissez cuire 5 minutes. ❷ Versez dans le plat de service et parsemez de coriandre ciselée. Servez chaud.

Escalopes de saumon aux épices

4 | 5 min | 5 min

4 escalopes de saumon • 6 gousses d'ail • 6 cuil. à soupe de jus de citron • 6 cuil. à soupe d'huile d'olive • 2 pincées de piment de Cayenne • 1 cuil. à café de curcuma • 4 branches de menthe • sel, poivre

❶ Faites chauffer une poêle à revêtement antiadhésif. Épluchez les gousses d'ail, écrasez-les au presse-ail au-dessus d'un bol. Versez le jus de citron, les épices, l'huile, salez et poivrez. Badigeonnez les escalopes de saumon sur les deux faces avec cette sauce et faites-les cuire en les retournant au bout de 2 minutes. ❷ Saupoudrez de menthe ciselée au moment de servir et accompagnez de sauce.

Notre conseil : accompagnez ce saumon de brocolis ou de haricots verts cuits à la vapeur.

Filets de daurade au fenouil

4 3 min 7 min

800 g de filets de daurade • 2 cuil. à café de graines de fenouil • 4 cuil. à soupe d'huile d'olive • 2 cuil. à soupe de vinaigre de vin • sel, poivre

❶ Salez et poivrez les filets de daurade, saupoudrez-les de graines de fenouil. Mettez l'huile à chauffer dans une poêle, faites cuire les filets de poisson à feu moyen pendant 5 minutes en les retournant à mi-cuisson. ❷ Déposez-les sur le plat de service. ❸ Versez le vinaigre dans la poêle, faites bouillir 1 minute et versez sur les filets.

Filets de daurade sauce de soja

4 · 2 min · 8 min

4 filets de daurade • 20 cl de sauce de soja japonaise • 20 cl de muscat • 2 cuil. à soupe d'huile • 4 cuil. à soupe de citron vert • 4 branches de persil plat

❶ Faites chauffer dans une casserole le muscat et la sauce de soja et prolongez la cuisson à feu doux pour obtenir une sauce sirupeuse. Faites chauffer l'huile dans une poêle, saisissez les filets de daurade et laissez-les cuire pendant 5 minutes en les retournant à mi-cuisson. ❷ Disposez-les dans le plat de service, arrosez de jus de citron, puis de sauce au soja et parsemez de feuilles de persil plat ciselées.

Filets de rouget au pistou

4 · 4 min · 6 min

8 filets de rouget • 1 bouquet de basilic • 30 g de parmesan • 3 cuil. à soupe de pignons • 2 gousses d'ail • 8 cuil. d'huile d'olive • sel, poivre

❶ Faites chauffer deux cuillerées à soupe d'huile d'olive dans une poêle à revêtement antiadhésif. Mettez les filets de rouget et faites-les cuire à feu moyen pendant 3 minutes de chaque côté. ❷ Pendant ce temps, épluchez l'ail et effeuillez le basilic. Mixez-les avec les pignons et le parmesan en ajoutant peu à peu le reste d'huile d'olive, du sel et du poivre. ❸ Déposez les filets de rouget sur un plat de service, nappez-les de pistou. Servez sans attendre.

Filets de rouget aux épices

4 · 5 min · 5 min

8 filets de rougets • 1 orange non traitée • 3 pincées de graines de cumin • 3 pincées de poivre concassé • 3 pincées de gingembre en poudre • 2 cuil. à soupe d'huile • sel, poivre

❶ Prélevez le zeste de l'orange avec un couteau économe, râpez-le et pressez le fruit. Mélangez dans un bol les épices avec le zeste et le jus de l'orange, du sel et du poivre. Roulez les filets de poisson dans cette préparation. Faites chauffer l'huile dans une poêle, mettez les filets à cuire pendant 2 minutes de chaque côté. ❷ Faites glisser sur le plat de service et arrosez de sauce.

Notre conseil : accompagnez ce poisson de semoule cuite à la vapeur.

Filets de rouget aux olives

4 5 min 5 min

8 filets de rouget • 12 olives noires • 1 piment oiseau • 2 gousses d'ail • 1 cuil. à soupe de romarin effeuillé • 3 cuil. à soupe d'huile d'olive • sel, poivre

❶ Pelez les gousses d'ail, émincez-les. Salez et poivrez les filets de rouget. Faites chauffer l'huile dans une poêle, faites dorer l'ail, émiettez le piment dans la poêle, ajoutez le romarin et les olives. Mélangez bien. Mettez les filets de rouget dans la poêle, couvrez et laissez-les cuire pendant 5 minutes. ❷ Faites glisser dans le plat de service et servez immédiatement.

Notre conseil : accompagnez ce poisson de pâtes fraîches.

Gambas safranées aux pois chiches

4 · 2 min · 8 min

12 à 16 gambas cuites décortiquées • 1 grande boîte de pois chiches • ½ boîte de tomates concassées • 1 dose de safran • 2 gousses d'ail • 2 petits oignons blancs • 4 branches de persil plat • 4 cuil. à soupe d'huile d'olive • sel, poivre

❶ Épluchez l'ail et les oignons, hachez-les. Faites-les revenir dans une sauteuse avec l'huile d'olive, ajoutez les tomates concassées, du sel et du poivre. Mélangez bien, versez les pois chiches égouttés, saupoudrez de safran, ajoutez les gambas et faites réchauffer à feu doux pendant 5 minutes.
❷ Versez dans le plat de service et décorez de feuilles de persil ciselées.

Gambas sautées à l'ail

4 · 2 min · 8 min

12 gambas crues décortiquées • 2 gousses d'ail • 4 branches de persil • 4 cuil. à soupe d'huile d'olive • sel, poivre

❶ Épluchez et émincez les gousses d'ail. Mettez l'huile d'olive à chauffer dans une sauteuse, faites-y revenir l'ail, puis ajoutez les gambas. ❷ Faites-les cuire à feu vif en les retournant souvent pendant 7 minutes. Salez, poivrez et parsemez de persil ciselé. Servez immédiatement.

Notre conseil : accompagnez de riz sauvage.

Haddock au râpé de courgettes

4 · 10 min

4 petites courgettes fermes • 400 g de haddock • 20 cl de crème fleurette • 6 cuil. à soupe de citron jaune • 6 cuil. à soupe de citron vert • 2 cuil. à soupe d'huile d'olive • 1 cuil. à café de curry en poudre • 4 branches d'aneth • sel, poivre

❶ Hachez grossièrement au couteau le haddock, mettez-le dans un saladier, arrosez-le avec le jus du citron vert et saupoudrez de curry. Mélangez bien et réservez au frais. ❷ Lavez les courgettes, râpez-les grossièrement, salez, poivrez et arrosez de jus de citron jaune et d'huile, mélangez. ❸ Disposez les courgettes et le haddock dans quatre coupelles. Arrosez de crème et saupoudrez d'aneth ciselé. Servez bien frais.

Langoustines rôties au piment

4 — 5 min — 5 min

12 langoustines décortiquées • 30 g de beurre • 1 cuil. à soupe d'huile d'olive • 1 cuil. à café de piment d'Espelette • 4 branches de persil • ½ cuil. à café de fleur de sel • ½ cuil. à café de poivre concassé

❶ Épongez les langoustines. Versez le sel, le poivre, le piment et le persil ciselé dans une assiette creuse, roulez les langoustines dans ce mélange. Faites chauffer le beurre et l'huile dans une poêle et saisissez les langoustines. ❷ Faites-les dorer pendant 5 minutes en les retournant souvent. ❸ Servez sans attendre.

Maquereaux à la japonaise

4 3 min 7 min

16 filets de maquereau crus • 6 cuil. à soupe de vermouth blanc sec • 6 cuil. à soupe de sauce de soja japonaise • 2 cuil. à soupe de sucre • 1 cuil. à café de gingembre en poudre • 3 cuil. à soupe de graines de sésame noir • 4 cuil. à soupe d'huile

❶ Mélangez le vermouth, la sauce soja, le sucre et le gingembre. Épongez les filets de maquereau. Faites chauffer l'huile dans une poêle et mettez les filets de poisson à revenir pendant 5 minutes en les retournant délicatement à mi-cuisson. ❷ Retirez-les de la poêle, mettez-les sur le plat de service tenu au chaud. Jetez l'huile de cuisson et déglacez la poêle avec la sauce en faisant bouillir 1 minute. ❸ Versez sur les filets et saupoudrez de graines de sésame. Servez sans attendre.

Notre conseil : servez avec des tranches très fines de radis noir et de concombre.

Moules au jambon de Parme

4 — 5 min — 5 min

1 litre de moules grattées et lavées • 100 g de jambon de Parme • 2 échalotes • 2 feuilles de sauge • 10 cl de vin blanc sec • 2 cuil. à soupe d'huile d'olive

❶ Lavez les moules à grande eau. Égouttez-les. Épluchez les échalotes et hachez-les. Coupez le jambon en lamelles. Faites chauffer l'huile dans une sauteuse, mettez les échalotes et les lamelles de jambon, puis ajoutez les moules, le vin blanc et la sauge. ❷ Couvrez et laissez cuire pendant 5 minutes. ❸ Vérifiez que les moules sont toutes ouvertes. Servez aussitôt.

Moules sautées au thym

4 — 5 min — 5 min

1 kg de moules ébarbées • 2 cuil. à soupe de thym effeuillé • 1 cuil. à soupe d'huile d'olive • 100 g de beurre demi-sel

❶ Lavez les moules à grande eau, égouttez-les. Faites chauffer l'huile dans une sauteuse, jetez-y les moules et parsemez de thym. Faites-les ouvrir à feu vif en secouant sans cesse la sauteuse. ❷ Arrêtez la cuisson dès que les moules sont toutes ouvertes, versez dans le plat de service et parsemez de petits morceaux de beurre salé. ❸ Servez immédiatement.

Noix de Saint-Jacques au lait de coco et au gingembre

4 · 5 min · 5 min

12 noix de Saint-Jacques • ½ courgette • 4 cm de gingembre • 3 briquettes de lait de coco • 10 brins de ciboulette • sel, poivre

❶ Épluchez le gingembre et hachez-le. Lavez et essuyez la demi-courgette, coupez-la en tranches et chaque tranche en quatre. Versez le lait de coco dans une casserole, ajoutez le gingembre, du sel et un peu de poivre. Portez à ébullition. Plongez les noix de Saint-Jacques et les tranches de courgette dans le lait de coco bouillant et faites pocher pendant 4 minutes. ❷ Répartissez les saint-jacques et le lait de coco dans quatre assiettes creuses. Parsemez de ciboulette ciselée.

Noix de Saint-Jacques au parmesan

4 · 4 min · 4 min

16 noix de Saint-Jacques • 50 g de parmesan • 2 cuil. à soupe d'huile d'olive • 2 cuil. à soupe de vinaigre de xérès • fleur de sel, poivre du moulin

❶ Épongez les noix de Saint-Jacques. Faites chauffer l'huile dans une poêle, saisissez les noix et faites-les cuire pendant 3 à 4 minutes en les retournant à mi-cuisson. ❷ Déposez-les dans les assiettes, saupoudrez de fleur de sel et de poivre du moulin, ajoutez le vinaigre de xérès. ❸ Taillez des copeaux dans le parmesan avec un couteau Économe et déposez-les sur les noix. Servez immédiatement.

Noix de Saint-Jacques aux pignons

4 5 min 5 min

12 noix de Saint-Jacques • 4 cuil. à soupe de pignons • 3 cuil. à soupe d'huile d'olive • 1 cuil. à soupe de vinaigre balsamique • 4 branches d'aneth

❶ Faites griller les pignons à sec dans une poêle à revêtement antiadhésif pendant 3 minutes. Faites chauffer l'huile dans une poêle, épongez les noix de Saint-Jacques. Faites-les dorer pendant 2 minutes en les retournant à mi-cuisson. ❷ Répartissez-les dans les assiettes. Jetez l'huile de cuisson, déglacez avec le vinaigre, donnez un bouillon et versez sur les noix de Saint-Jacques. Parsemez de pignons et de brins d'aneth.

Noix de Saint-Jacques aux trois poivres

4 · 4 min · 6 min

16 noix de Saint-Jacques • 1 cuil. à soupe de poivres mélangés concassés (poivres vert, rose, noir) • fleur de sel

❶ Épongez les noix de Saint-jacques. Faites chauffer un gril. Versez les poivres et une grosse pincée de fleur de sel dans une assiette creuse. ❷ Faites cuire les saint-jacques pendant 3 minutes sur chaque face, saupoudrez-les de poivre et de sel et servez sans attendre.

Notre conseil : accompagnez ce plat de courgettes sautées persillées.

Pâtes aux sardines

4 · 5 min · 10 min

400 g de pâtes à cuisson rapide • 1 piment oiseau • 1 grosse tomate • 1 cuil. à café d'ail haché • 20 filets de sardine à l'huile • 2 cuil. à soupe d'huile d'olive • 1 cuil. à soupe de câpres • sel

❶ Faites cuire les pâtes dans une grande casserole d'eau bouillante salée additionnée d'un filet d'huile pendant 10 minutes. ❷ Pendant ce temps, épépinez la tomate, coupez-la en dés et émiettez le piment oiseau. Faites-les revenir pendant 3 minutes à la poêle dans l'huile et l'ail haché. Égouttez les pâtes, versez-les dans un plat creux, ajoutez la préparation à la tomate. Déposez dessus les filets de sardine et saupoudrez de câpres. ❸ Servez immédiatement.

Pavés de saumon au jus d'agrumes

4 · 5 min · 5 min

4 pavés de saumon • 1 citron • 1 orange • 2 cuil. à soupe de gingembre en poudre • 1 piment oiseau • 1 cuil. à soupe de sucre • 2 cuil. à soupe de vinaigre de xérès • 2 cuil. à soupe d'huile d'olive

❶ Pressez le citron et l'orange. Versez le sucre dans une casserole, mouillez avec le vinaigre et faites caraméliser. Ajoutez le jus des fruits, le gingembre et le piment émietté. ❷ Laissez réduire pendant 2 minutes. Huilez les pavés de saumon et faites-les cuire dans une poêle à revêtement antiadhésif pendant 2 minutes sur chaque face. ❸ Déposez les pavés dans les assiettes, nappez de sauce.

Saumon à la moutarde

4 · 2 min · 8 min

4 pavés de saumon • 4 échalotes • 3 cuil. à soupe de moutarde • 10 cl de vermouth blanc sec • 10 cl de crème • 2 cuil. à soupe d'huile • sel, poivre

❶ Salez, poivrez et huilez les pavés de saumon et faites-les cuire dans une poêle à revêtement antiadhésif pendant 6 minutes en les retournant à mi-cuisson. ❷ Pendant ce temps, épluchez et hachez les échalotes, mettez-les dans une casserole, mouillez avec le vermouth, faites réduire à feu vif, puis ajoutez la crème et la moutarde. ❸ Mettez les pavés de saumon sur le plat de service, nappez-les de sauce.

Notre conseil : accompagnez de pâtes fraîches.

Saumon au soja et au gingembre

4 · 4 min · 6 min

4 escalopes de saumon frais • 4 cm de gingembre frais • 250 g de pousses de soja • 3 cuil. à soupe d'huile • 4 cuil. à soupe de sauce de soja

❶ Pelez le gingembre et coupez-le en lamelles. Émincez le saumon en lamelles également. Faites chauffer l'huile dans une sauteuse. Mettez-y les lamelles de gingembre à dorer pendant 1 minute, puis ajoutez les lamelles de saumon et enfin les pousses de soja. ❷ Poursuivez la cuisson pendant 5 minutes, arrosez de sauce de soja et servez.

Saumon aux lentilles

4 — 2 min — 8 min

4 pavés de saumon frais • 1 grande boîte de lentilles au naturel • 4 cuil. à soupe de crème • 4 branches de persil plat • sel

❶ Mettez les pavés de saumon dans une casserole d'eau salée, portez à ébullition. Éteignez le feu et laissez pocher. ❷ Versez les lentilles dans une casserole, faites-les réchauffer dans leur jus. Égouttez-les, versez-les dans un plat creux, ajoutez la crème et mélangez. Égouttez les pavés de saumon et déposez-les sur les lentilles. ❸ Parsemez de feuilles de persil ciselé. Servez immédiatement.

Saumon fumé chaud aux pousses d'épinards

4 | 5 min | 1 min

8 tranches de saumon fumé • 300 g de pousses d'épinards • 1 cuil. à soupe de jus de citron • 2 cuil. à soupe de vinaigre balsamique • 6 cuil. à soupe d'huile d'olive • 2 cuil. à soupe de baies roses • sel, poivre

❶ Préchauffez le four à 180 °C (th. 6). Lavez rapidement et essorez les pousses d'épinards. Mélangez dans un bol le jus de citron, le vinaigre balsamique et l'huile. Salez, poivrez. ❷ Disposez deux tranches de saumon sur chaque assiette, passez au four pendant 1 minute pour réchauffer légèrement le poisson. ❸ Répartissez les pousses d'épinards à côté du saumon, arrosez de sauce et saupoudrez de baies roses. Servez immédiatement.

Tartare de poisson à la mousse de citron épicée

4 10 min

600 g de poissons crus (saumon, daurade) • 4 cuil. à soupe d'huile d'olive • 1 piment rouge • 2 citrons non traités • 1 bouquet de coriandre • sel, poivre

❶ Pelez à vif les citrons, mixez finement les zestes et la pulpe avec le piment et les feuilles de coriandre en en gardant quelques-unes pour le décor, du sel, du poivre et l'huile d'olive. ❷ Coupez le poisson au couteau en très petits dés, salez, poivrez. Répartissez les dés de poisson dans quatre ramequins, déposez la mousse de citron à côté. ❸ Décorez des feuilles de coriandre réservées. Servez bien frais.

Thon à l'italienne

4 10 min

800 g de thon au naturel • 8 tomates cerise • 250 g de mesclun • 2 oignons • 12 olives noires • 2 cuil. à soupe de vinaigre de vin • 5 cuil. à soupe d'huile d'olive • sel, poivre

❶ Préparez la vinaigrette en mélangeant le vinaigre et l'huile avec un peu de sel et de poivre dans un saladier. Lavez et essorez le mesclun, mettez-le dans le saladier. Épluchez les oignons, émincez-les finement et déposez-les sur la salade. Coupez les tomates cerise en deux, disposez-les sur les oignons. Égouttez le thon, mettez-le sur la salade et parsemez d'olives. ❷ Mélangez au moment de servir.

Agneau à l'orientale

4 · 4 min · 6 min

600 g d'agneau haché • 2 oignons • 1 gousse d'ail • 2 cuil. à café de sumac • 2 cuil. à café de paprika • 4 cuil. à soupe d'huile d'olive • sel, poivre

❶ Pelez et hachez l'ail et les oignons, mélangez-les avec l'agneau haché, le sumac, le paprika, du sel et du poivre.
❷ Façonnez des petites boulettes entre vos mains. Faites chauffer l'huile dans une poêle, mettez-y les boulettes à dorer sur toutes leurs faces à feu vif puis baissez le feu et poursuivez la cuisson pendant 5 minutes.

Notre conseil : servez avec de la semoule cuite à la vapeur et une salade de tomates.

Agneau au curry

4 — 5 min — 5 min

600 g d'agneau haché • 1 briquette de coulis de tomate nature • 2 briquettes de lait de coco • 2 petits oignons blancs • 1 gousse d'ail • 2 cuil. à soupe de curry • 3 cuil. à soupe d'huile • sel, poivre

❶ Pelez et hachez l'ail et les oignons. Faites chauffer l'huile dans une sauteuse, mettez le hachis d'ail et d'oignons, mélangez à feu vif pendant 1 minute, puis ajoutez l'agneau. Faites revenir en mélangeant, puis saupoudrez de curry, salez, poivrez et arrosez de coulis de tomate et de lait de coco. Mélangez et laissez cuire à petit feu jusqu'à ébullition.
❷ Versez dans le plat de service et servez sans attendre.

Notre conseil : accompagnez de riz blanc et d'une raïta de concombre (recette page 26).

Aiguillettes de canard au poivre vert

4 · 2 min · 8 min

600 g d'aiguillettes de canard • 25 cl de crème • 2 cuil. à soupe de poivre vert • 2 cuil. à soupe d'huile

❶ Faites chauffer l'huile dans une poêle et mettez les aiguillettes de canard. Laissez cuire pendant 4 à 6 minutes selon le degré de cuisson désiré. Retirez les aiguillettes, déposez-les sur le plat de service chauffé. ❷ Versez le poivre et la crème dans la poêle, faites bouillir 2 minutes en grattant avec une fourchette les sucs de cuisson et versez sur les aiguillettes. Servez bien chaud.

Notre conseil : accompagnez de riz blanc ou de navets braisés.

Aiguillettes de canard au sésame

4 · 3 min · 7 min

600 g d'aiguillettes de canard • 4 cuil. à soupe de miel • 2 cuil. à soupe de sauce de soja • 4 cuil. à soupe de citron vert • 2 cuil. à soupe d'huile d'olive • 3 cuil. à soupe de sésame • sel, poivre

❶ Mélangez dans un plat creux le miel, la sauce de soja et le jus de citron vert avec un peu de sel et de poivre. ❷ Versez l'huile d'olive dans une poêle et faites cuire les aiguillettes pendant 5 minutes environ en les retournant régulièrement. Ajoutez la sauce et donnez un bouillon. ❸ Versez les aiguillettes dans le plat de service et saupoudrez de sésame. Servez immédiatement.

Aiguillettes de canard aux figues

4 · 2 min · 8 min

600 g d'aiguillettes de canard • 8 figues • 40 g de beurre • 4 cuil. à soupe de vinaigre de framboises • 2 cuil. à soupe de sucre

❶ Coupez les figues en quartiers. Faites fondre le beurre dans une poêle, faites dorer les quartiers de figue. Faites chauffer une poêle à revêtement antiadhésif, mettez les aiguillettes de canard et laissez-les cuire à feu vif pendant 5 minutes en les retournant souvent. ❷ Mettez les aiguillettes et les quartiers de figue sur le plat de service, versez le sucre et le vinaigre dans la poêle des figues, faites bouillir en raclant le fond de la poêle avec une spatule et versez sur le plat.

Aiguillettes de poulet à l'ananas

4 | 3 min | 7 min

600 g d'aiguillettes de poulet • 400 g d'ananas en tranches • 1 cuil. à café de cassonade • 1 cuil. à café de curry • 3 cuil. à soupe d'huile d'arachide • 4 branches de coriandre • sel, poivre

❶ Faites chauffer l'huile dans une sauteuse, faites revenir les aiguillettes de poulet, salez, poivrez, saupoudrez de curry et de cassonade, mélangez bien. Laissez cuire 5 minutes. ❷ Ajoutez les morceaux d'ananas et donnez un bouillon. Parsemez de coriandre ciselée au moment de servir.

Aiguillettes de poulet à l'estragon

4 · 2 min · 8 min

600 g d'aiguillettes de poulet • ½ bouquet d'estragon • 25 cl de crème • 40 g de beurre • sel, poivre

❶ Faites chauffer le beurre dans une poêle, mettez les aiguillettes, faites-les cuire en les retournant souvent pendant 5 minutes. ❷ Versez la crème, salez, poivrez, parsemez de feuilles d'estragon. Arrêtez la cuisson au premier bouillon. Servez immédiatement.

Notre conseil : accompagnez ce poulet de riz basmati.

Aiguillettes de poulet à l'ail et au citron confit

4 3 min 7 min

600 g d'aiguillettes de poulet • 2 citrons confits • 2 gousses d'ail • 4 cuil. à soupe d'huile d'olive • poivre

❶ Détaillez les citrons confits en petits morceaux. Épluchez et émincez l'ail. Faites chauffer l'huile dans une cocotte, mettez les aiguillettes de poulet à revenir, poivrez, puis ajoutez l'ail et le citron confit. ❷ Laissez cuire pendant 7 minutes sans cesser de mélanger.

Notre conseil : accompagnez ce plat de semoule agrémentée de raisins secs.

Bœuf haché à la thaïe

4 · 5 min · 5 min

600 g de bœuf haché • 8 feuilles de laitue • 3 cuil. à soupe de gingembre moulu • 2 échalotes • 2 pincées de piment de Cayenne • 6 cuil. à soupe de jus de citron • 6 cuil. à soupe de nuoc-mâm • 2 cuil. à soupe d'huile

❶ Épluchez et hachez les échalotes. Mélangez le bœuf avec le gingembre, le piment et les échalotes. ❷ Faites chauffer l'huile dans une poêle, ajoutez le bœuf, laissez cuire 5 minutes en remuant souvent. Versez le nuoc-mâm et le jus de citron dans un bol, mélangez. Ciselez les feuilles de laitue, répartissez-les dans quatre coupelles, ainsi que le haché de bœuf encore chaud et arrosez de sauce.

Boulettes de bœuf à la tomate et à la coriandre

4 | 5 min | 5 min

600 g de bœuf haché • 2 oignons • 1 bouquet de coriandre • 1 cuil. à soupe de ras-el-hanout • 1 cuil. à soupe de cumin en poudre • 4 cuil. à soupe d'huile d'olive • 1 briquette de coulis de tomates nature • sel, poivre

❶ Épluchez les oignons, hachez-les avec les feuilles de coriandre. Mélangez ce hachis avec le bœuf, le ras-el-hanout, le cumin, du sel et du poivre. Formez des boulettes entre vos mains. Mettez à chauffer doucement le coulis de tomates dans une casserole. ❷ Faites chauffer l'huile dans une poêle et faites cuire les boulettes pendant 5 minutes en les retournant souvent au cours de la cuisson. Servez les boulettes arrosées de sauce tomate.

Boulettes de porc à la menthe et aux pignons

4 | 3 min | 7 min

600 g de porc haché • 1 bouquet de coriandre • 6 branches de menthe • 1 œuf • 2 cuil. à soupe de pignons • 1 cuil. à café de cinq-parfums • 4 cuil. à soupe d'huile • sel, poivre

❶ Hachez la menthe et la coriandre, mélangez-les avec le porc haché en ajoutant du sel, du poivre, le cinq-parfums, l'œuf battu et les pignons. Façon-nez des boulettes entre vos mains. ❷ Faites chauffer l'huile dans une poêle, mettez les boulettes à dorer en les retournant sans cesse. Prolongez la cuisson pendant 5 minutes et servez bien chaud.

Notre conseil : accompagnez d'une salade de concombre et de tomates.

Carpaccio de bœuf au parmesan

4 10 min

400 g de filet de bœuf • 6 cuil. à soupe d'huile d'olive • 1 citron • 40 g de parmesan râpé • 1 bouquet de basilic • sel, poivre

❶ Pressez le citron, mélangez le jus avec l'huile, du sel, du poivre et le parmesan râpé. Coupez la viande en très fines lamelles. ❷ Disposez-les sur les assiettes légèrement huilées. Parsemez de basilic ciselé. Servez le carpaccio avec la sauce au parmesan en saucière.

Chili con carne express

4 | 2 min | 8 min

1 grande boîte de haricots rouges • 400 g de steak haché • 3 cuil. à soupe d'oignons hachés • 1 cuil. à soupe d'ail haché • 1 grande boîte de tomates pelées • 2 cuil. à café de chili en poudre • ½ cuil. à café de cumin en poudre • 4 cuil. à soupe d'huile • sel

❶ Faites chauffer l'huile dans une sauteuse, faites revenir l'ail et l'oignon pendant 2 minutes puis ajoutez la viande hachée en mélangeant bien. Égouttez les haricots, ajoutez-les à la viande. Écrasez les tomates grossièrement à la fourchette. ❷ Ajoutez-les avec leur jus, ainsi que le chili et le cumin, et un peu de sel. Mélangez bien, couvrez et prolongez la cuisson pendant 6 minutes. Servez très chaud.

Côtes d'agneau au romarin et au citron

4 · 2 min · 8 min

12 petites côtes d'agneau • 8 gousses d'ail nouveau • 1 cuil. à soupe de romarin effeuillé • 2 cuil. à soupe de jus de citron • 4 cuil. à soupe d'huile d'olive • sel, poivre

❶ Faites chauffer l'huile dans une poêle, salez et poivrez les côtes d'agneau. Faites dorer les gousses d'ail entières et non épluchées dans l'huile, ajoutez le romarin, puis la viande. Faites cuire de 4 à 8 minutes selon le degré de cuisson désiré. ❷ Arrosez de jus de citron et versez dans le plat de service. Servez aussitôt.

Émincé de bœuf au basilic

4 — 4 min — 6 min

600 g de rumsteck • 1 poivron rouge • 400 g de pousses de soja • 4 cuil. à soupe d'huile • 4 cuil. à soupe de sauce de soja • 4 branches de basilic

❶ Émincez la viande en lamelles fines. Lavez le poivron, épépinez-le et coupez-le en lanières. Faites chauffer l'huile dans une sauteuse ou dans un wok, faites revenir le poivron pendant 2 minutes sans cesser de mélanger, puis ajoutez la viande et les pousses de soja. ❷ Mélangez bien et poursuivez la cuisson à feu vif. La viande doit être saignante et le poivron croquant. ❸ Arrosez de sauce de soja et parsemez de feuilles de basilic ciselées.

Émincé de bœuf aux champignons

4 · 3 min · 7 min

600 g de filet de bœuf • 2 cuil. à soupe d'échalotes • 500 g de champignons blancs émincés • 1 cuil. à soupe de moutarde forte • 4 cuil. à soupe de crème fraîche • 20 g de beurre • 4 branches de persil • sel, poivre

❶ Coupez le bœuf en bâtonnets. Mélangez dans un bol la crème et la moutarde. Faites fondre le beurre dans une poêle, mettez les échalotes et les champignons, faites revenir pendant 2 minutes, puis retirez-les avec une écumoire. ❷ Mettez à la place les bâtonnets de viande, faites cuire à feu très vif pendant 2 minutes, salez, poivrez, remettez les échalotes et les champignons, versez la crème, donnez un bouillon. ❸ Faites glisser dans le plat de service, parsemez de feuilles de persil ciselé et servez immédiatement.

Émincé de porc à l'ananas

4 3 min 7 min

600 g de filet de porc • 8 tranches d'ananas au sirop • 3 cuil. à soupe de gingembre en poudre • 3 cuil. à soupe de sauce de soja • 4 pincées de piment • 1 cuil. à soupe de miel liquide • 2 cuil. à soupe d'huile

❶ Coupez le porc en fines lamelles. Détaillez les tranches d'ananas en petits morceaux. Mélangez dans un bol le gingembre, la sauce de soja, le miel et le piment. Faites chauffer l'huile dans une poêle, faites dorer les lamelles de porc à feu vif en remuant constamment pendant 5 minutes, puis ajoutez les morceaux d'ananas et enfin la sauce. ❷ Poursuivez la cuisson pendant 2 minutes. Servez sans attendre.

Notre conseil : accompagnez ce plat de riz blanc.

Émincé de veau à la sauge

4 · 3 min · 7 min

800 g d'escalope de veau • 6 cuil. à soupe de sauge séchée • 50 g de beurre • 4 cl de vin blanc sec • sel, poivre

❶ Coupez le veau en lamelles et mettez-les dans une terrine. Saupoudrez-les de sauge et retournez-les plusieurs fois pour qu'elles soient bien imprégnées. Faites fondre le beurre dans une poêle, faites dorer les lamelles de veau à feu vif pendant 2 minutes, puis baissez le feu, salez, poivrez et laissez cuire pendant 5 minutes. ❷ Retirez le veau, mettez-le dans le plat de service chauffé, versez le vin blanc. Portez à ébullition en grattant le fond de la poêle à la spatule pour décoller les sucs de cuisson. ❸ Nappez les lamelles de veau avec cette sauce, salez, poivrez et servez immédiatement.

Notre conseil : servez ce plat avec des champignons sautés ou des brocolis à la vapeur.

Escalopes de poulet au citron

4 · 5 min · 5 min

4 escalopes de poulet larges et fines • 1 salade feuille de chêne • 1 gousse d'ail • 4 cuil. à soupe de jus de citron vert • 4 cuil. à soupe d'huile d'olive • 1 cuil. à soupe de vinaigre balsamique • sel, poivre

❶ Lavez et essorez la salade. Salez, poivrez et huilez légèrement les escalopes. Préchauffez un gril et faites cuire les escalopes de poulet pendant 5 minutes en les retournant régulièrement. ❷ Épluchez l'ail, écrasez-le au presse-ail au-dessus d'un plat creux. Ajoutez le jus de citron, le vinaigre balsamique et le reste d'huile. ❸ Mélangez, déposez la salade, mélangez de nouveau. Déposez les escalopes par-dessus et nappez de sauce.

Filet de bœuf au soja

4 5 min 5 min

600 g de filet de bœuf • 2 oignons nouveaux • 3 cm de gingembre frais • 5 cl de sauce de soja • 5 cl de vermouth blanc sec • 1 cuil. à café de fécule de maïs • 3 cuil. à soupe d'huile

❶ Coupez le bœuf en bâtonnets. Pelez le gingembre et les oignons, taillez-les en lamelles. Versez la fécule de maïs dans une terrine, délayez-la avec le vermouth et la sauce de soja. ❷ Mettez le bœuf, le gingembre et les oignons dans la terrine, mélangez bien. ❸ Faites chauffer l'huile dans une sauteuse, versez la viande et les aromates et faites sauter à feu vif pendant 3 minutes. Versez dans le plat de service et servez sans attendre.

Notre conseil : servez avec une salade de roquette et du riz.

Galettes d'agneau aux épices

4 · 5 min · 5 min

600 g d'agneau haché • 2 cuil. à soupe de coriandre en poudre • 1 cuil. à soupe de cumin en poudre • 4 cuil. à soupe d'huile d'olive • 4 branches de coriandre • sel, poivre

❶ Mélangez la viande avec les épices, du sel et du poivre. Partagez-la en quatre parties égales et façonnez quatre galettes. ❷ Faites chauffer l'huile dans une poêle à revêtement antiadhésif et faites dorer les galettes pendant 5 minutes en les retournant à mi-cuisson. ❸ Faites glisser sur le plat de service et parsemez de feuilles de coriandre ciselées.

Notre conseil : accompagnez de semoule à la vapeur agrémentée de raisins secs.

Grillades de porc au fromage

4 — 2 min — 8 min

4 grillades de porc larges et fines • 4 cuil. à café de moutarde • 100 g de gruyère râpé • 50 g de beurre • sel, poivre

❶ Faites fondre 20 g de beurre dans une poêle, faites dorer les grillades de porc sur les deux faces pendant 4 minutes, puis déposez-les dans un plat à four. ❷ Tartinez-les de moutarde, saupoudrez-les de gruyère râpé, mettez quelques noisettes de beurre et passez sous le gril du four pendant 3 à 4 minutes, salez, poivrez. Servez bien chaud.

Jambon à l'ananas

4 · 5 min · 5 min

4 tranches épaisses de jambon à l'os • 1 cuil. à soupe de concentré de tomates • 1 cuil. à café de fond de veau en poudre • 200 g de morceaux d'ananas au sirop • 30 g de beurre

❶ Égouttez les morceaux d'ananas en conservant le sirop. Mélangez le sirop avec le concentré de tomates et le fond de veau. ❷ Faites fondre le beurre dans une poêle, réchauffez-y les tranches de jambon, arrosez de sauce, retournez-les pour qu'elles soient bien enrobées, puis ajoutez les morceaux d'ananas. Réchauffez pendant 5 minutes et versez sur le plat de service. Servez chaud.

Notre conseil : servez avec du riz blanc mélangé avec des grains de maïs.

Porc aux oignons et aux amandes

4 · 3 min · 7 min

600 g de porc haché • 4 cuil. à soupe d'oignons hachés • 4 cuil. à soupe d'amandes hachées • 1 œuf • 3 cuil. à soupe de chapelure • 1 zeste de citron non traité • 3 cuil. à soupe d'huile • 50 g de beurre • 2 cuil. à soupe de sauge séchée • sel, poivre

❶ Mélangez dans une terrine le porc avec les oignons, les amandes, la chapelure, l'œuf battu, le zeste de citron râpé, la sauge, du sel et du poivre. Façonnez des boulettes entre vos mains. ❷ Faites chauffer l'huile et le beurre dans une poêle, faites dorer les boulettes à feu vif en les retournant sans cesse, puis baissez le feu et laissez cuire 3 minutes. Servez chaud.

Notre conseil : accompagnez ces boulettes d'une purée de pommes de terre.

Poulet au soja

4 — 5 min — 3 min

4 blancs de poulet • 2 cuil. à soupe de graines de sésame • ½ bouquet de coriandre • 10 cl de sauce de soja • 5 cl de vin de muscat

❶ Mélangez dans un saladier la sauce de soja et le vin. Détaillez les escalopes de poulet en bâtonnets, mettez-les dans la sauce et mélangez bien. ❷ Faites chauffer une poêle à revêtement antiadhésif, saisissez les bâtonnets de poulet pendant 3 minutes sans cesser de remuer, puis versez-les dans le plat de service. Saupoudrez de graines de sésame et de feuilles de coriandre ciselées. Servez sans attendre.

Rougail de saucisses

4 · 4 min · 6 min

8 chipolatas • 8 cuil. à soupe d'oignons hachés • 1 grande boîte de tomates au naturel • 1 piment rouge • 4 cuil. à soupe d'huile d'olive • sel

❶ Coupez les chipolatas en rondelles fines. Épépinez le piment et hachez-le. Faites chauffer l'huile d'olive dans une sauteuse. Faites dorer les oignons pendant 1 minute, puis ajoutez les rondelles de saucisse, les tomates, le piment et un peu de sel. ❷ Mélangez bien et poursuivez la cuisson pendant 5 minutes. Servez chaud.

Notre conseil : accompagnez ce plat de riz blanc et d'une salade verte.

Saucisses grillées au cumin

4 · 2 min · 8 min

8 chipolatas • 2 cuil. à soupe de graines de cumin

❶ Faites chauffer une poêle à revêtement antiadhésif. Versez les graines de cumin dans une assiette creuse. Roulez les saucisses dans le cumin et déposez-les dans la poêle.
❷ Faites-les griller à feu vif en les retournant souvent.

Notre conseil : servez avec une salade de tomates.

Sauté de bœuf aux pignons

4 — 4 min — 6 min

600 g de filet de bœuf • 2 cuil. à soupe d'oignons hachés • 4 cuil. à soupe de pignons • 4 tomates cerise • 4 cuil. à soupe d'huile d'olive • 6 cuil. à soupe de vinaigre balsamique • sel, poivre

❶ Faites griller les pignons à sec dans une poêle à revêtement antiadhésif. Réservez. Faites réduire le vinaigre dans une casserole pendant 2 minutes. ❷ Coupez la viande en bâtonnets. Faites chauffer l'huile dans une poêle, mettez les oignons, faites-les dorer en mélangeant pendant 2 minutes puis ajoutez la viande. Faites-la cuire à feu vif pendant 2 minutes, salez et poivrez. ❸ Mettez-la sur le plat de service, arrosez de vinaigre balsamique réduit et parsemez de pignons grillés. Décorez de tomates cerise et servez immédiatement.

Steaks au poivre

4 5 min 5 min

4 steaks • 2 cuil. à soupe de poivre concassé • 6 cuil. à soupe de crème fraîche • 2 cuil. à café de Worcestershire sauce • 4 cl de cognac • 50 g de beurre • sel

❶ Versez le poivre dans une assiette creuse et roulez les steaks dedans en appuyant pour le faire adhérer. Faites fondre le beurre dans une poêle, saisissez les steaks des deux côtés à feu vif et laissez cuire de 3 à 5 minutes selon le degré de cuisson désiré. Versez le cognac, flambez, puis déposez les steaks sur le plat de service chauffé préalablement. ❷ Jetez le beurre de cuisson, versez la Worcestershire sauce, puis la crème. Portez à ébullition, salez et nappez les steaks avec la sauce. Servez immédiatement.

Notre conseil : servez ce plat avec des frites ou des pommes sautées.

Steaks hachés au parmesan

4 · 5 min · 5 min

4 steaks hachés de 150 g chacun • 50 g de parmesan • 2 cuil. à soupe d'huile d'olive • 2 cuil. à soupe de vinaigre de xérès • 4 branches de persil plat • fleur de sel, poivre du moulin

❶ Faites chauffer l'huile dans une poêle et faites cuire les steaks pendant 5 minutes en les retournant à mi-cuisson. ❷ Pendant ce temps, prélevez des copeaux dans le parmesan avec un couteau Économe. Mettez les steaks sur les assiettes, salez et poivrez. Déglacez la poêle avec le vinaigre, donnez un bouillon et versez sur les steaks. Déposez délicatement les copeaux de parmesan dessus et parsemez de feuilles de persil. Servez immédiatement.

Tartare de bœuf aux herbes

4 | 10 min

600 g de bœuf haché • 2 jaunes d'œufs • 10 brins de ciboulette • 4 branches de persil plat • 2 branches de basilic • 1 cuil. à soupe de moutarde forte • 1 cuil. à soupe de moutarde douce • 2 cuil. à soupe de ketchup • 1 cuil. à café de Worcestershire sauce • 2 cuil. à soupe d'huile d'olive • sel, poivre

❶ Effeuillez les herbes et ciselez-les. Mélangez dans une terrine les moutardes, les jaunes d'œufs, le ketchup, la Worcestershire sauce et l'huile ainsi que du sel et du poivre. Ajoutez la viande et les herbes, mélangez bien. ❷ Partagez en quatre et disposez sur les assiettes.

Tournedos au beurre d'herbes

4 · 5 min · 5 min

4 tournedos • 125 g de beurre mou • ½ bouquet de persil plat • ½ bouquet de cerfeuil • 20 brins de ciboulette • fleur de sel, poivre du moulin

❶ Faites chauffer un gril et mettez les tournedos à griller sur les deux faces pendant 3 à 5 minutes selon le degré de cuisson désiré en les retournant à mi-cuisson. Effeuillez les herbes, mélangez-les avec le beurre, ajoutez un peu de fleur de sel et du poivre. ❷ Servez les tournedos à la sortie du gril et disposez dessus une noix de beurre d'herbes.

Carottes aux épices

4 · 5 min · 5 min

8 carottes • 3 cuil. à soupe d'huile • 1 cuil. à café de graines de cumin • 2 cuil. à soupe de gingembre en poudre • 1 cuil. à café de coriandre en poudre • 2 pincées de piment de Cayenne • 2 pincées de curcuma • 4 branches d'aneth • sel, poivre

❶ Pelez les carottes et coupez-les en rondelles très fines. Plongez-les dans une casserole d'eau bouil-lante salée pendant 2 minutes, égouttez-les. ❷ Faites chauffer l'huile dans une sauteuse à revêtement antiadhésif, mettez les carottes, saupoudrez d'épices, mélangez bien et laissez cuire pendant 3 minutes sans cesser de remuer. Versez dans le plat de service et parsemez de brins d'aneth. Servez immédiatement.

Carottes et courgettes à l'ananas

4 | 5 min | 5 min

3 carottes • 3 courgettes • ½ boîte d'ananas au sirop • 2 cuil. à café de gingembre en poudre • 3 cuil. à soupe d'huile d'olive • sel

❶ Coupez les tranches d'ananas en six. Épluchez les carottes, lavez les courgettes, coupez-les au robot en fine julienne. ❷ Faites-les sauter dans une cocotte avec l'huile d'olive, saupoudrez de gingembre, salez, ajoutez les morceaux d'ananas et deux cuillerées à soupe de sirop. Mélangez bien. ❸ Laissez cuire pendant 5 minutes. Servez chaud.

Notre conseil : servez ces légumes avec du porc.

Courgettes persillées

4 | 2 min | 8 min

6 courgettes moyennes • 3 cuil. à soupe d'huile d'olive • 6 branches de persil plat • sel, poivre

❶ Lavez et essuyez les courgettes, coupez les extrémités et détaillez les légumes au robot en fines rondelles. ❷ Faites bouillir de l'eau salée dans une grande casserole, plongez-y les courgettes et faites-les cuire pendant 3 à 4 minutes. Elles doivent rester légèrement fermes. ❸ Égouttez-les, versez-les dans le plat de service, arrosez d'huile, salez, poivrez, parsemez de feuilles de persil ciselé et mélangez. ❹ Servez immédiatement.

Courgettes vapeur au basilic

4 | 2 min | 8 min

4 courgettes • 6 cuil. à soupe de citron vert • 50 g de parmesan • 2 cuil. à soupe d'huile d'olive • 6 branches de basilic • sel, poivre

❶ Faites bouillir de l'eau dans la marmite d'un cuit-vapeur. Pendant ce temps, coupez les courgettes en rondelles. Mettez-les dans le panier, couvrez et laissez cuire pendant 8 minutes. ❷ Pendant ce temps, mélangez l'huile et le citron vert avec du sel et du poivre. ❸ Égouttez les courgettes, disposez-les dans le plat de service. Taillez des copeaux dans le parmesan avec un couteau Économe, déposez-les sur les courgettes et parsemez de feuilles de basilic ciselées. Arrosez de sauce. ❹ Servez chaud, tiède ou froid.

Gratin de fonds d'artichaut

4 · 3 min · 7 min

12 fonds d'artichaut cuits en conserve • 1 briquette de sauce béchamel • 100 g de fromage râpé • 30 g de beurre • sel, poivre

❶ Préchauffez le four à 210 °C (th. 7). Rincez et égouttez les fonds d'artichaut, disposez-les dans un plat à four, salez-les et poivrez-les légèrement. Arrosez-les de sauce béchamel et saupoudrez de fromage râpé. Parsemez de noisettes de beurre et enfournez. ❷ Laissez réchauffer pendant 4 minutes puis passez sous le gril pour faire gratiner pendant 3 minutes. Servez immédiatement.

Notre conseil : vous pouvez réaliser cette recette avec des endives cuites, des bouquets de chou-fleur cuits ou encore des salsifis.

Haricots blancs aux lardons

4 | 2 min | 8 min

1 grande boîte de haricots blancs au naturel • 200 g d'allumettes de lard fumé • 4 cuil. à soupe de coulis de tomates nature

❶ Versez les haricots blancs dans une casserole avec leur jus et faites-les réchauffer. Pendant ce temps, faites revenir les allumettes de lard dans une poêle sans matières grasses. ❷ Égouttez les haricots, remettez-les dans la casserole, ajoutez le coulis de tomates et faites réchauffer doucement pendant 2 minutes. Versez dans un plat creux, disposez les lardons dessus.

Haricots verts à la provençale

4 — 2 min — 8 min

500 g de haricots verts extra-fins effilés • 2 cuil. à soupe d'échalote hachée • 1 cuil. à soupe d'ail haché • 1 tomate • 4 cuil. à soupe d'huile d'olive • sel, poivre

❶ Faites chauffer l'huile dans une sauteuse, faites dorer l'ail et l'échalote, puis ajoutez les haricots verts. Mélangez et laissez cuire pendant 2 minutes. Arrosez d'un verre d'eau chaude, salez, poivrez, couvrez et prolongez la cuisson pendant 6 à 8 minutes. Les haricots doivent être légèrement croquants. Pelez et épépinez la tomate, coupez la chair en petits dés. ❷ Versez les haricots dans le plat de service, parsemez de dés de tomate. Servez sans attendre.

Lentilles à la dijonnaise

4 2 min 5 min

1 grande boîte de lentilles au naturel • 2 cuil. à soupe de moutarde forte • 4 cuil. à soupe de crème • sel, poivre

❶ Faites réchauffer les lentilles dans une casserole. Pendant ce temps, mélangez dans un bol la crème et la moutarde avec un peu de sel et de poivre. ❷ Égouttez les lentilles, versez-les dans un plat creux et arrosez de sauce, mélangez pour que la crème fonde. Servez immédiatement.

Pois chiches à la menthe et à la coriandre

4 5 min

1 boîte de pois chiches • 2 cuil. à soupe d'huile d'olive • 1 bouquet de coriandre • ½ bouquet de menthe • sel, poivre

❶ Égouttez les pois chiches, versez-les dans un saladier, salez, poivrez, arrosez d'huile. ❷ Hachez les herbes, ajoutez-les au moment de servir et mélangez bien.

Notre conseil : servez cette salade avec de l'agneau grillé.

Polenta gratinée

4 — 2 min — 8 min

200 g de semoule de maïs fine précuite • 2 cuil. à soupe d'huile d'olive • 100 g de fromage râpé • 50 g de beurre • sel

❶ Faites bouillir 75 cl d'eau salée, ajoutez l'huile et 25 g de beurre, mélangez jusqu'à ce que le beurre fonde, puis jetez la polenta en pluie et mélangez bien en prolongeant la cuisson pendant 3 minutes. ❷ Versez la polenta dans un plat à four, saupoudrez de fromage râpé, parsemez du reste de beurre coupé en petits morceaux et passez sous le gril du four pendant 3 minutes. Servez très chaud.

Pommes de terre à l'ail en chemise et au thym

4 – 2 min – 8 min

600 g de pommes de terre en rondelles précuites sous vide • 6 gousses d'ail • 4 cuil. à soupe d'huile d'olive • 1 cuil. à soupe de thym effeuillé • fleur de sel, poivre du moulin

❶ Rincez et épongez les pommes de terre. Faites chauffer l'huile dans une sauteuse à revêtement antiadhésif, mettez les gousses d'ail sans les éplucher, faites-les dorer en les remuant pendant 3 minutes. ❷ Ajoutez les pommes de terre, saupoudrez de thym et poursuivez la cuisson en mélangeant souvent jusqu'à ce que les pommes de terre soient dorées. ❸ Versez dans le plat de service, parsemez de fleur de sel et poivrez. Servez bien chaud.

Pommes rôties au beurre salé

4 · 5 min · 5 min

4 grosses pommes • 50 g de beurre demi-sel • 1 cuil. à café de cassonade • 1 cuil. à café de thym • sel, poivre

❶ Épluchez les pommes et coupez-les en lamelles. Faites fondre le beurre dans une poêle à revêtement antiadhésif et faites dorer les lamelles de pommes en les retournant délicatement. Sucrez, salez, poivrez et saupoudrez de thym. ❷ Surveillez la cuisson, les pommes doivent rester légèrement fermes. Servez chaud.

Notre conseil : servez ces pommes avec du boudin noir grillé ou du magret de canard ou encore des côtes de porc.

Râpé de légumes à la japonaise

4 10 min

1 concombre • 1 radis noir • 4 carottes • 1 citron vert • 4 cuil. à soupe de sauce de soja

❶ Pelez le concombre, coupez-le en deux et ôtez les graines. Épluchez le radis noir et les carottes. Râpez grossièrement ces légumes au robot. Pressez le citron vert, mélangez le jus avec la sauce de soja. Mettez les légumes dans un saladier, arrosez de sauce, puis répartissez dans quatre coupelles. ❷ Servez bien frais.

Riz au maïs et à la coriandre

4 2 min 6 min

250 g de riz à cuisson rapide • 1 petite boîte de maïs au naturel • 2 cuil. à soupe d'huile d'olive • 1 bouquet de coriandre • 2 pincées de piment d'Espelette • sel

❶ Faites cuire le riz dans une grande casserole d'eau bouillante salée. Égouttez-le. Égouttez également le maïs et ajoutez-le au riz. ❷ Arrosez-les d'huile d'olive, ajoutez le piment et parsemez de coriandre. Servez sans attendre.

Salade méditerranéenne

4 · 8 min

6 tomates • 2 petits oignons • 1 gousse d'ail • 20 olives noires dénoyautées • 1 cuil. à soupe de câpres • 2 cuil. à soupe de jus de citron • 4 cuil. à soupe d'huile d'olive

❶ Lavez et essuyez les tomates, coupez-les en rondelles et disposez-les sur le plat de service. ❷ Épluchez l'ail et les oignons, mixez-les avec les olives, les câpres, l'huile et le jus de citron. Versez cette sauce sur les tomates. Servez bien frais.

Salade au bleu

4 — 10 min

1 laitue • 200 g de roquefort • 2 cuil. à soupe de crème • 1 cuil. à café de moutarde • 2 cuil. à soupe de vinaigre de vin • 4 cuil. à soupe d'huile de noix • sel, poivre

❶ Épluchez, lavez, essorez la laitue, mettez les feuilles dans un saladier. Écrasez le roquefort à la fourchette avec la crème. ❷ Préparez une vinaigrette en battant la moutarde avec le vinaigre, très peu de sel, du poivre et l'huile versée en filet. Ajoutez le fromage, mélangez bien. ❸ Versez la vinaigrette au roquefort sur la salade au moment de servir, mélangez.

Notre conseil : accompagnez cette salade de croûtons aillés revenus dans un peu d'huile.

Salade de carottes au cumin

4 5 min

1 sachet de carottes cuites en rondelles • 2 cuil. à soupe d'huile d'olive • 1 cuil. à café de cumin en poudre • ½ bouquet de coriandre • sel, poivre

❶ Versez les carottes dans un saladier, saupoudrez de cumin et de coriandre, salez, poivrez, arrosez d'huile d'olive. ❷ Mettez au frais en attendant de servir.

Salade de chou et de carottes aux raisins

4   10 min

¼ de chou blanc • 4 carottes • 2 cuil. à soupe de raisins blonds • 1 cuil. à café de sauce de soja • 1 cuil. à café de miel • 1 cuil. à soupe de vinaigre de xérès • 3 cuil. à soupe d'huile • sel, poivre

❶ Mettez les raisins dans un bol d'eau chaude. Pelez les carottes. Râpez-les avec le chou, mettez-les dans un saladier.
❷ Fouettez à la fourchette dans un bol la sauce de soja avec le miel, le vinaigre, l'huile, du sel et du poivre. Versez sur la salade. Égouttez les raisins et ajoutez-les. Mélangez.

Conseil chrono : utilisez des carottes et du chou blanc râpés en sachet.

Salade de champignons à l'ail

4 · 10 min

600 g de gros champignons de Paris • 2 citrons • 2 gousses d'ail • 1 yaourt nature • 2 cuil. à soupe d'huile • ½ bouquet de persil plat • sel, poivre

❶ Pressez les citrons et versez le jus dans un saladier. Épluchez l'ail, écrasez-le au presse-ail au-dessus du saladier. Ajoutez le yaourt, l'huile, du sel et du poivre. ❷ Lavez les champignons, essuyez-les soigneusement, puis tranchez-les très finement avec un couteau aiguisé et mettez-les dans la sauce. Mélangez bien et parsemez de feuilles de persil ciselées

Salade d'endives à l'orange

4 10 min

8 petites endives • 1 gousse d'ail • 1 cuil. à café de moutarde douce • 1 yaourt velouté nature • 3 cuil. à soupe de jus d'orange • sel, poivre

❶ Épluchez l'ail, écrasez-le au presse-ail au-dessus d'un saladier. Ajoutez la moutarde, le jus d'orange, le yaourt, du sel et du poivre. Mélangez bien. Ôtez les feuilles flétries des endives, enlevez le petit cône fibreux de la base responsable de leur amertume et coupez-les en tronçons. ❷ Mettez-les dans le saladier et mélangez. Servez à température ambiante.

Salade d'endives aux betteraves et au parmesan

4 · 10 min

4 petites endives • 2 betteraves rouges cuites • 12 cerneaux de noix • 50 g de parmesan • 1 cuil. à café de moutarde • 1 cuil. à café de miel liquide • 1 cuil. à soupe de vinaigre de vin • 3 cuil. à soupe d'huile de noix • sel, poivre

❶ Lavez et essuyez les endives, coupez-les en tronçons et mettez-les dans un saladier. Épluchez les betteraves et coupez-les en dés. Ajoutez-les. ❷ Fouettez dans un bol la moutarde avec le miel, le vinaigre, l'huile, du sel et du poivre. Versez sur les légumes. ❸ Émiettez les cerneaux de noix par-dessus. ❹ Prélevez des copeaux dans le parmesan, déposez-les délicatement sur la salade.

Salade de fenouil aux herbes

4 — 10 min

2 bulbes de fenouil • 10 brins de ciboulette • 4 branches de basilic • 4 branches de persil plat • 4 brins d'aneth • 2 cuil. à soupe de pignons • 2 cuil. à soupe de vinaigre de xérès • 4 cuil. à soupe d'huile d'olive • sel, poivre

❶ Râpez les bulbes de fenouil, mettez-les dans un saladier. Ciselez finement les herbes. Mélangez dans un bol le vinaigre et l'huile avec un peu de sel et de poivre, arrosez la salade, mélangez longuement pour bien imprégner le fenouil de sauce. ❷ Faites griller les pignons pendant 2 minutes à feu vif et à sec dans une poêle à revêtement antiadhésif, saupoudrez-en la salade.

Salade de roquette aux tomates séchées et au parmesan

4 10 min

1 sachet de roquette • 50 g de parmesan • 3 cuil. à soupe de tomates séchées • 1 cuil. à soupe de vinaigre balsamique • 3 cuil. à soupe d'huile d'olive • sel, poivre

❶ Mélangez dans un saladier le vinaigre balsamique et l'huile d'olive avec un peu de sel et de poivre. Rincez et essorez la roquette, mettez-la dans le saladier. ❷ Coupez les tomates séchées en petits dés, disposez-les sur la salade. Mélangez. Taillez des copeaux dans le parmesan avec un couteau Économe, déposez-les délicatement sur la salade.

Salade de tomates à la mozzarella

4 10 min

8 tomates • 250 g de mozzarella • 6 cuil. à soupe d'huile d'olive • 1 citron • 2 gousses d'ail • 1 bouquet de basilic • sel, poivre

❶ Lavez les tomates, essuyez-les et coupez-les en rondelles. Coupez la mozzarella en tranches de la même épaisseur. Disposez les tranches de tomate et de mozzarella dans un plat creux en les intercalant. Pressez le citron, versez le jus obtenu dans un bol. ❷ Épluchez l'ail, écrasez-le avec un presse-ail au-dessus du bol, ajoutez l'huile, du sel et du poivre. Battez à la fourchette pour émulsionner et versez dans le plat. Parsemez de basilic ciselé. Servez frais.

Tagliatelles aux cèpes

4 · 5 min · 10 min

250 g de tagliatelles • 200 g de cèpes séchés • 2 échalotes • 2 cuil. à soupe d'huile d'olive • 4 cuil. à soupe de crème liquide • sel, poivre

❶ Mettez les cèpes séchés dans un bol d'eau chaude. Faites cuire les tagliatelles pendant 10 minutes à l'eau bouillante salée. Pendant ce temps, pelez et hachez les échalotes, faites-les revenir dans l'huile, ajoutez les cèpes, salez, poivrez et arrosez de crème. ❷ Égouttez les tagliatelles, versez-les sur le plat de service, arrosez de sauce aux cèpes, mélangez et servez aussitôt.

Notre conseil : pour un plat unique, ajoutez des allumettes de jambon dans la sauce.

Ananas au rhum

4 · 5 min · 5 min

8 tranches d'ananas au sirop • 8 cl de rhum ambré • 2 cuil. à soupe de noix de coco râpée

❶ Coupez les tranches d'ananas en morceaux et répartissez-les dans quatre coupes. Versez le sirop dans une casserole, ajoutez le rhum et portez à ébullition. Arrêtez la cuisson dès que le mélange épaissit. ❷ Versez sur les fruits et saupoudrez de noix de coco râpée.

Bananes flambées

4 · 2 min · 8 min

6 bananes • 4 cuil. à soupe de jus de citron vert • 4 cuil. à soupe de jus d'orange • 4 cuil. à soupe de rhum ambré • 4 cuil. à soupe de sucre cristallisé • 30 g de beurre

❶ Pelez les bananes et coupez-les en deux dans le sens de la longueur. Arrosez-les de jus de citron pour qu'elles ne noircissent pas. Faites fondre le beurre dans une poêle à revêtement antiadhésif, ajoutez les bananes et laissez-les cuire 5 minutes en les retournant délicatement afin qu'elles ne se brisent pas. ❷ Arrosez de jus d'orange, saupoudrez de sucre cristallisé, puis arrosez de rhum et jetez une allumette. ❸ Apportez la poêle à table alors que le rhum flambe encore.

Brioches à la marmelade d'abricots

4 — 5 min — 5 min

4 petites brioches • 8 cuil. à soupe de marmelade d'abricots

❶ Faites chauffer les brioches au four pendant 5 mi-nutes à 150 °C (th. 5). Versez la confiture dans une petite casserole, réchauffez-la à feu doux. ❷ Ôtez délicatement le chapeau des brioches, évidez avec précaution la moitié de la mie, remplissez la cavité avec la confiture, replacez le chapeau, déposez les brioches dans une petite assiette. Servez le reste de confiture dans une saucière.

Notre conseil : vous pouvez préparer ce dessert avec de la marmelade d'oranges, de la confiture de fraises ou de rhubarbe, de la gelée de framboises, de groseilles ou de mûres.

Carpaccio de kiwis au gingembre confit

4 — 10 min

12 kiwis • 3 cuil. à soupe de jus de citron vert • 2 sachets de sucre vanillé • 1 morceau de gingembre confit

❶ Pelez les kiwis, coupez-les en tranches disposez-les sur quatre petites assiettes. Arrosez de jus de citron et de sucre vanillé. ❷ Coupez le gingembre confit en bâtonnets, disposez-les sur les assiettes. Servez frais.

Carrés coco

4 — 8 min — 2 min

100 g de noix de coco râpée • 12 cl de lait • 150 g de sucre • 50 g de noix de cajou nature décortiquées • 1 cuil. à soupe d'huile

❶ Faites chauffer le lait avec le sucre. Incorporez la noix de coco et les noix de cajou, mélangez bien. Huilez un plat rectangulaire ou carré, versez la préparation, lissez avec une spatule et laissez refroidir à température ambiante. ❷ Pour servir, découpez en carrés et disposez-les sur un plat.

Cerises caramélisées

4 · 5 min · 5 min

600 g de cerises • 50 g de beurre • 4 cuil. à soupe de sucre

❶ Dénoyautez les cerises. Faites fondre le beurre dans une sauteuse, mettez les cerises, saupoudrez de sucre et laissez cuire jusqu'à ce que les fruits soient légèrement caramélisés. Laissez tiédir avant de servir.

Nos conseils : vous pouvez arroser les cerises d'une cuillerée à soupe de kirsch après la cuisson. Servez tel quel ou avec une glace vanille.

Chaud froid de fruits rouges

4 · 5 min · 5 min

4 boules de glace à la vanille • 450 g de fruits rouges • 1 sachet de sucre vanillé • 2 cuil. à soupe de cassonade • 30 g de beurre

❶ Faites fondre le beurre dans une casserole, ajoutez les fruits rouges, saupoudrez-les de cassonade et de sucre vanillé et faites-les caraméliser sans cesser de mélanger délicatement. ❷ Disposez une boule de glace à la vanille dans des coupelles, versez les fruits chauds dessus et servez immédiatement.

Chocolat liégeois

4 · 7 min · 3 min

8 boules de glace au chocolat • 150 g de chocolat noir • 1 bombe de crème Chantilly • 4 cuil. à soupe d'amandes effilées

❶ Faites fondre le chocolat dans une casserole avec deux cuillerées à soupe d'eau. Faites griller les amandes effilées à sec dans une poêle à revêtement antiadhésif. ❷ Mettez dans des grands verres deux boules de glace, arrosez de sauce au chocolat, décorez de chantilly et parsemez d'amandes.

Notre conseil : vous pouvez remplacer la glace au chocolat par de la glace au café ou à la vanille, ou encore panacher plusieurs parfums.

Compotée de figues au miel

4 3 min 7 min

12 figues violettes • 4 cuil. à soupe de miel • 50 g de beurre

❶ Lavez et essuyez les figues, coupez-les en quatre. Faites fondre le beurre dans une sauteuse, mettez les quartiers de figue et faites-les cuire à feu doux pendant 3 minutes en les retournant délicatement. ❷ Arrosez de miel et poursuivez la cuisson pendant 4 minutes. ❸ Versez dans quatre coupelles et laissez tiédir avant de servir.

Crème Chantilly à l'orange et au cacao

4 5 min

20 cl de crème fraîche liquide entière • 2 cuil. à soupe d'eau de fleur d'oranger • 2 cuil. à soupe de sucre glace • 2 cuil. à soupe de cacao amer

❶ Mettez un saladier et la crème au réfrigérateur plusieurs heures avant la préparation. Versez la crème et l'eau de fleur d'oranger dans le saladier, battez au fouet jusqu'à ce qu'elle épaississe, puis ajoutez le sucre glace en trois fois en continuant à battre. ❷ Répartissez la crème dans quatre coupes, saupoudrez-la de cacao.

Notre conseil : vous pouvez ajouter à cette crème quelques zestes d'orange confits.

Fondue de fruits au chocolat

4 · 8 min · 2 min

2 mandarines • 2 bananes • 2 poires • 2 pommes • 4 cuil. à soupe de jus de citron • 200 g de chocolat noir • 1 dl de crème liquide • 10 g de beurre

❶ Épluchez les mandarines et séparez-en les quartiers. Épluchez les bananes, coupez-les en rondelles et citronnez-les. Épluchez les pommes et les poires, coupez-les en cubes et citronnez-les. Mettez les fruits sur un plat. ❷ Faites chauffer la crème dans un caquelon, puis ajoutez le chocolat coupé en morceaux. Laissez fondre, puis ajoutez le beurre. ❸ Lissez à la spatule et apportez le caquelon sur la table.

Notre conseil : accompagnez cette fondue de tranches de brioche.

Fromage blanc aux fruits rouges

4 10 min

600 g de fromage blanc • 300 g de fraises Mara des bois • 200 g de framboises • 20 g de cassonade

❶ Lavez rapidement les fraises et équeutez-les. Mixez la moitié des fraises avec le fromage blanc et la cassonade. ❷ Répartissez cette préparation dans quatre coupes, disposez dessus le reste des fraises et les framboises. Servez frais.

Fruits d'été en papillotes

4 3 min 7 min

4 abricots • 4 pêches • 4 cuil. à soupe de cassonade

❶ Faites chauffer le four à 240 °C (th. 8). Coupez quatre feuilles de papier sulfurisé. Épluchez les pêches, dénoyautez-les, mettez deux moitiés de pêche au centre de chaque feuille de papier. Ouvrez les abricots, dénoyautez-les et déposez deux moitiés d'abricot sur chaque feuille. ❷ Saupoudrez de cassonade et refermez chaque feuille de façon à former une papillote. ❸ Mettez les papillotes dans un plat à four et laissez cuire pendant 5 à 7 minutes. Servez tiède.

Granité minute à la framboise

4 5 min

400 g de framboises surgelées • 60 g de sucre

❶ Mixez les framboises encore congelées avec le sucre. Répartissez dans quatre verres.

Notre conseil : vous pouvez réaliser ce granité avec des myrtilles, du cassis, du melon ou encore de la mangue.

Marquise au chocolat

4 10 min 6 h

250 g de chocolat • 100 g de beurre • 4 œufs • 60 g de sucre • sel

❶ Sortez le beurre plusieurs heures à l'avance du réfrigérateur. Cassez les œufs en séparant les blancs des jaunes. Faites fondre le chocolat à feu très doux ou au micro-ondes, ajoutez le beurre en pommade, le sucre et les jaunes d'œufs, mélangez bien. Battez les blancs d'œufs en neige ferme avec une pincée de sel. Incorporez délicatement au mélange. ❷ Versez la préparation dans un moule et mettez au réfrigérateur au moins 6 heures. Démoulez sur un plat.

Notre conseil : au moment de servir, décorez avec un peu de crème Chantilly à l'orange et au cacao (recette page 139).

Melon glacé au pain d'épices

4 · 10 min

80 cl de sorbet au melon • 1 melon mûr à point • 2 tranches de pain d'épices • 4 feuilles de menthe

❶ Ouvrez le melon en deux, ôtez les graines et prélevez la pulpe avec une cuillère parisienne. Faites griller les tranches de pain d'épices puis coupez-les en deux en diagonale. ❷ Répartissez dans quatre coupes le sorbet, disposez dessus quelques billes de melon, décorez d'une feuille de menthe et déposez un triangle de pain d'épices. Servez sans attendre.

Mendiants

4 · 8 min · 2 min

150 g de chocolat noir • 10 g de beurre • 12 raisins secs • 12 pistaches nature décortiquées • 12 cerneaux de noix • 12 noisettes

❶ Recouvrez une planche de papier sulfurisé. Faites fondre le chocolat avec le beurre à feu très doux dans une casserole ou dans un bol au micro-ondes. Déposez sur le papier sulfurisé une cuillerée à soupe de chocolat, aplatissez de façon à former un palet rond. Continuez jusqu'à épuisement du chocolat. ❷ Disposez sur chaque palet un cerneau de noix, une pistache, une noisette et un raisin en appuyant légèrement pour faire adhérer. Laissez sécher à température ambiante. Décollez délicatement les mendiants et mettez-les dans une coupe.

Notre conseil : servez ces mendiants avec une glace au café ou à la vanille, ou encore avec le café.

Mousse au café

4 · 5 min

4 blancs d'œufs • 400 g de fromage blanc • 4 cuil. à café de café lyophilisé • 1 sachet de sucre vanillé • 40 g de sucre

❶ Mélangez le fromage blanc avec le sucre, le sucre vanillé et le café. Goûtez, et si vous préférez un dessert corsé, ajoutez un peu de café. Montez les blancs en neige et incorporez-les à la préparation. ❷ Répartissez dans quatre coupes et mettez au réfrigérateur en attendant de servir.

Mousse au chocolat

4 · 10 min · 3 min

175 g de chocolat noir • 3 œufs • 60 g de sucre en poudre

❶ Faites fondre le chocolat coupé en morceaux dans une casserole avec trois cuillerées à soupe d'eau. Dès qu'il est lisse, retirez du feu. ❷ Cassez les œufs en séparant les blancs des jaunes. Ajoutez les jaunes un à un dans le chocolat en mélangeant bien entre chaque jaune. Battez les blancs en neige ferme en ajoutant le sucre en plusieurs fois et incorporez-les délicatement au chocolat. ❸ Mettez la mousse dans des coupes et placez-les au réfrigérateur en attendant de servir.

Mousse aux marrons

4 10 min

400 g de crème de marrons sucrée • 50 cl de crème liquide

❶ Mettez un saladier et la crème au réfrigérateur plusieurs heures avant de préparer cette mousse. Versez la crème de marrons dans un autre saladier. ❷ Fouettez la crème liquide très froide au batteur dans le saladier rafraîchi jusqu'à ce qu'elle ait la consistance d'une chantilly. Incorporez-la à la crème de marrons. ❸ Répartissez dans quatre coupes et mettez au frais en attendant de servir.

Notre conseil : accompagnez de petites meringues ou de petits macarons aux amandes.

Mousse de mangues

4 · 10 min · 2 h

3 mangues mûres • 1 citron vert • 25 cl de crème liquide • 4 cuil. à soupe de sucre

❶ Pelez les mangues, ouvrez-les, ôtez le noyau et prélevez la pulpe. Pressez le citron vert. Mixez la chair des mangues avec le sucre, la crème et le jus de citron. ❷ Répartissez dans quatre coupes et placez au réfrigérateur pendant 2 heures. Servez bien frais.

Mousse de poires au gingembre

4 · 10 min

6 poires • 30 cl de crème fleurette • 40 g de sucre • 2 cuil. à soupe de gingembre en poudre

❶ Mettez la crème et un saladier au réfrigérateur plusieurs heures à l'avance. Versez la crème dans le saladier et fouettez-la au batteur. Épluchez les poires, mixez-les avec le sucre et le gingembre. ❷ Incorporez la crème à la mousse de poire, répartissez dans quatre coupelles et mettez au frais en attendant de servir.

Notre conseil : décorez de bâtonnets de gingembre confit (en vente dans les épiceries fines).

Pamplemousses rôtis

4 · 4 min · 6 min

2 pamplemousses roses • 50 g de beurre mou • 4 cuil. à soupe de cassonade • 1 cuil. à café de cannelle en poudre

❶ Allumez le gril de votre four. Coupez les pamplemousses en deux. Mélangez dans un bol la cassonade, la cannelle et le beurre. Enduisez les pamplemousses avec cette pâte et mettez-les dans un plat à four. ❷ Passez sous le gril pendant 6 minutes environ. Le dessus doit être bien doré. Laissez tiédir avant de servir.

Petits vacherins aux framboises

4 — 10 min

8 meringues nature • 400 g de framboises • 30 cl de crème fleurette • 20 g de sucre glace

❶ Placez un saladier et la crème au réfrigérateur plusieurs heures à l'avance. Fouettez la crème au batteur en incorporant le sucre. ❷ Mettez les meringues sur quatre assiettes, répartissez dessus des framboises et garnissez de crème Chantilly. Recouvrez avec les autres meringues.

Poires au chocolat

4 — 5 min — 5 min

4 poires au sirop • 150 g de chocolat noir • 4 cuil. à soupe d'amandes effilées

❶ Faites griller les amandes à sec dans une poêle à revêtement antiadhésif pendant 2 minutes. Faites fondre le chocolat dans une casserole avec deux cuillerées à soupe d'eau. ❷ Disposez les poires dans quatre coupes, arrosez de chocolat chaud et parsemez d'amandes.

Salade de bananes au yaourt

4 10 min

4 bananes • 1 citron vert • 3 yaourts nature • 4 cuil. à soupe de noix de coco râpée

❶ Pressez le citron vert. Pelez les bananes, coupez-les en rondelles et arrosez-les de jus de citron. ❷ Versez les yaourts sur les bananes, mélangez délicatement et répartissez dans quatre coupes. Saupoudrez de noix de coco et servez bien frais.

Soupe de fruits exotiques au lait de coco

4 10 min

1 mangue • 8 litchis au sirop • 4 kumquats • 4 kiwis • 25 cl de lait de coco • 3 cuil. à soupe de sucre de canne • 2 cuil. à soupe d'eau de rose

❶ Pelez la mangue et coupez-la en lamelles. Pelez les kiwis et coupez-les en tranches. Coupez les kumquats en rondelles. ❷ Disposez joliment les fruits dans quatre coupes. Mélangez dans un saladier le lait de coco, le sirop de canne et l'eau de rose. ❸ Versez sur les fruits. Mettez au frais en attendant de servir.

Toastines aux fraises

4 · 5 min · 5 min

8 tranches de pain brioché • 32 fraises Mara des bois • 8 cuil. à soupe de sucre cristallisé • 100 g de beurre

❶ Faites chauffer le gril du four. Lavez rapidement les fraises, équeutez-les et coupez-les en deux. Beurrez les tranches de pain brioché, recouvrez-les de morceaux de fraise et saupoudrez-les de sucre cristallisé. ❷ Mettez-les dans un plat à four et passez sous le gril environ 5 minutes, le temps que le sucre soit croustillant. Servez tiède.

Yaourt au miel et aux fruits secs

4 10 min

4 yaourts nature veloutés • 4 cuil. à soupe de miel liquide • 4 cuil. à café de pignons • 4 cuil. à café de pistaches nature décortiquées • 2 cuil. à soupe d'amandes effilées

❶ Faites griller séparément les pignons, les pistaches et les amandes à sec dans une poêle à revêtement antiadhésif. ❷ Versez chaque yaourt dans une coupe, versez le miel et les pignons et les pistaches, mélangez bien. Saupoudrez le dessus d'amandes effilées.

Notre conseil : vous pouvez remplacer les yaourts par du fromage blanc et les pistaches et les pignons par des noix ou des noisettes.

Index des recettes

Entrées

Bricks à l'œuf, au thon et à la coriandre 7
Brioches farcies au roquefort 8
Brouillade à l'estragon 9
Chiffonnade de magrets fumés aux poires 10
Coleslaw 11
Concombres au thon et à la feta 12
Féroce d'avocat 13
Gratinée express 14
Houmous 15
Mousse de chèvre frais à la pastèque 16
Mousse de piquillos au chèvre frais 17
Mousse de saumon aux baies roses 18
Mousse express aux œufs de poisson fumés 19
Œufs brouillés aux œufs de saumon 20
Œufs frits au chorizo 21
Omelette à la menthe et au chèvre 22
Papillotes de figues au jambon 23
Petites terrines de chèvre frais aux tomates confites 24
Petites terrines de thon aux baies roses 25

Raïta de concombre 26
Rillettes aux deux saumons 27
Roquette aux figues et au jambon 28
Salade à la lyonnaise 29
Salade d'avocat au magret fumé 31
Salade d'avocats aux crevettes 30
Salade de chou au cervelas 32
Salade de maïs aux artichauts et au jambon 34
Salade de mangue au piment 35
Salade de mozzarella aux olives 36
Salade d'épinards aux pistaches et aux lardons 33
Salade de thon aux herbes et aux épices 37
Soupe d'avocat à la roquette 38
Soupe de carottes à l'orange 39
Soupe de concombre à la menthe 40
Soupe d'été aux tomates 41
Tarte alsacienne 42

Poissons

Crevettes à la sauce tomate pimentée 43
Crevettes au sésame et à la mangue 44
Crevettes aux pommes et au citron vert 45
Crevettes sauce aux herbes 46
Crevettes sautées aux pousses de soja 47
Curry de crevettes 48

Escalopes de saumon aux épices 49
Filets de daurade au fenouil 50
Filets de daurade sauce de soja 51
Filets de rouget au pistou 52
Filets de rouget aux épices 53
Filets de rouget aux olives 54
Gambas safranées aux pois chiches 55
Gambas sautées à l'ail 56
Haddock au râpé de courgettes 57
Langoustines rôties au piment 58
Maquereaux à la japonaise 59
Moules au jambon de Parme 60
Moules sautées au thym 61
Noix de Saint-Jacques au lait de coco et au gingembre . 62
Noix de Saint-Jacques au parmesan 63
Noix de Saint-Jacques aux pignons 64
Noix de Saint-Jacques aux trois poivres 65
Pâtes aux sardines 66
Pavés de saumon au jus d'agrumes 67
Saumon à la moutarde 68
Saumon au soja et au gingembre 69
Saumon aux lentilles 70
Saumon fumé chaud aux pousses d'épinards 71
Tartare de poisson à la mousse de citron épicée 72
Thon à l'italienne 73

Viandes et volailles

Agneau à l'orientale 75
Agneau au curry 76
Aiguillettes de canard au poivre vert 77
Aiguillettes de canard au sésame 78
Aiguillettes de canard aux figues 79
Aiguillettes de poulet à l'ail et au citron confit 82
Aiguillettes de poulet à l'ananas 80
Aiguillettes de poulet à l'estragon 81
Bœuf haché à la thaïe 83
Boulettes de bœuf à la tomate et à la coriandre 84
Boulettes de porc à la menthe et aux pignons 85
Carpaccio de bœuf au parmesan 86
Chili con carne express 87
Côtes d'agneau au romarin et au citron 88
Émincé de bœuf au basilic 89
Émincé de bœuf aux champignons 90
Émincé de porc à l'ananas 91
Émincé de veau à la sauge 92
Escalopes de poulet au citron 93
Filet de bœuf au soja 94
Galettes d'agneau aux épices 95
Grillades de porc au fromage 96
Jambon à l'ananas 97
Porc aux oignons et aux amandes 98

Poulet au soja ... 99
Rougail de saucisses ... 100
Saucisses grillées au cumin ... 101
Sauté de bœuf aux pignons ... 102
Steaks au poivre ... 103
Steaks hachés au parmesan ... 104
Tartare de bœuf aux herbes ... 105
Tournedos au beurre d'herbes ... 106

Légumes

Carottes aux épices ... 107
Carottes et courgettes à l'ananas ... 108
Courgettes persillées ... 109
Courgettes vapeur au basilic ... 110
Gratin de fonds d'artichaut ... 111
Haricots blancs aux lardons ... 112
Haricots verts à la provençale ... 113
Lentilles à la dijonnaise ... 114
Pois chiches à la menthe et à la coriandre ... 115
Polenta gratinée ... 116
Pommes de terre à l'ail en chemise et au thym ... 117
Pommes rôties au beurre salé ... 118
Râpé de légumes à la japonaise ... 119
Riz au maïs et à la coriandre ... 120
Salade au bleu ... 122

Salade de carottes au cumin 123
Salade de champignons à l'ail 125
Salade de chou et de carottes aux raisins 124
Salade de fenouil aux herbes 128
Salade d'endives à l'orange 126
Salade d'endives aux betteraves et au parmesan 127
Salade de roquette aux tomates séchées
et au parmesan 129
Salade de tomates à la mozzarella 130
Salade méditerranéenne 121
Tagliatelles aux cèpes 131

Desserts

Ananas au rhum 133
Bananes flambées 133
Brioches à la marmelade d'abricots 134
Carpaccio de kiwis au gingembre confit 135
Carrés coco 135
Cerises caramélisées 136
Chaud froid de fruits rouges 137
Chocolat liégeois 137
Compotée de figues au miel 138
Crème Chantilly à l'orange et au cacao 139
Fondue de fruits au chocolat 140
Fromage blanc aux fruits rouges 141

Fruits d'été en papillotes 141
Granité minute à la framboise 142
Marquise au chocolat 142
Melon glacé au pain d'épices 143
Mendiants 144
Mousse au café 145
Mousse au chocolat 145
Mousse aux marrons 146
Mousse de mangues 147
Mousse de poires au gingembre 147
Pamplemousses rôtis 148
Petits vacherins aux framboises 149
Poires au chocolat 149
Salade de bananes au yaourt 150
Soupe de fruits exotiques au lait de coco 150
Toastines aux fraises 151
Yaourt au miel et aux fruits secs 152